Mon système II

Petite Bibliothèque Payot/Échecs 158

Aaron Nimzowitsch
Mon système II

Traduit de l'allemand
par Norbert Engel

Titre original :

MEIN SYSTEM
(Kurt Rattmann, Hambourg)

Collection dirigée
par Christophe Bouton

Avant-propos du traducteur

Nous proposons ici au lecteur pour la première fois en langue française la deuxième partie de l'ouvrage le plus important sans doute, de toute la littérature échiquéenne : *Mon Système* de A. Nimzowitsch.

Nimzowitsch n'est jamais arrivé à se faire connaître du grand public. Joueur parmi les plus doués de son temps, il ne parvint pas à être champion du monde. Et pourtant, son nom figure dignement dans la cohorte des Morphy, Steinitz, Lasker et autres Capablanca... A quoi tient donc sa renommée ? Au tempérament hypocondriaque de Nimzowitsch ? A ses facéties en tournoi ? En vérité, cela ne suffit pas à rendre célèbre.

Sa célébrité, Nimzowitsch la doit à sa plume (ce qui est paradoxal, puisqu'il écrit mal... mais ce qu'il expose aussi maladroitement est extraordinaire), à deux ouvrages qui sont la charte des échecs « hypermodernes » comme Tartakower se plut à les appeler : *Mon système* et *La pratique de mon système* *. Ces deux textes écrits dans un allemand torturé par un juif letton de nationalité danoise valurent à leur auteur tout d'abord des critiques acerbes, des moqueries cinglantes, puis peu à peu un respect universel. Aujourd'hui ce livre a été traduit en russe, en danois, en espagnol, etc., et il en est à sa douzième édition en langue anglaise. Il a contribué à former toute la génération des grands maîtres du monde entier qui évoluent sous nos yeux. Le génie de Tal et la prudence de Petrossian doivent tous deux quelque chose à Nimzowitsch. Quant à Larsen, il déclarait que ce livre était le premier qu'il ait lu sur les échecs et celui qui lui avait appris le plus.

* A paraître.

Situons très brièvement le contexte dans lequel ce livre a vu le jour : trente années durant, Steinitz avait dominé le monde des échecs. Mais son jeu était devenu de plus en plus sec, de moins en moins imaginatif. Contre un tel style de jeu, défendu par les épigones de Steinitz, comme Tarrasch et Alapin, une nouvelle école allait s'insurger. Appelons-la « néoromantique » ou « hypermoderne ». Ses membres : Reti, Spielmann, Tartakower... et Nimzowitsch, qui en 1926 en écrit le manifeste : *Mon système*. Ce livre réhabilite tout ce qui est alors considéré dans le monde des échecs comme baroque et bizarre : les fous en fianchetto, le centre retenu... Paru à la même époque à peu près que le *Manifeste du surréalisme*, il joue au sein du monde des échecs un rôle similaire : il révolutionne un champ théorique qu'il contribue à délimiter.

Le texte de Nimzowitsch est donc une contribution essentielle à l'histoire de la théorie échiquéenne, mais il est aussi un manuel de premier plan pour le débutant sérieux. Une fois accompli l'effort de pénétrer dans le texte par delà sa puérilité d'écriture, ses redites et ses mauvais calembours, on découvre un manuel d'échecs unique en son genre, c'est-à-dire qui explique vraiment ce qui se passe sur un échiquier. Et après plusieurs lectures le joueur confirmé y trouvera encore de nombreuses leçons car ce livre est de ceux qui ne s'épuisent pas. Ce n'est pas un livre qu'on lit et qu'on classe, c'est un texte qu'on relit et qu'on consulte sans cesse.

Mais il existe une troisième façon de considérer *Mon système :* comme une œuvre littéraire, monument baroque, cathédrale bric-à-brac de la culture d'une époque, digérée par un autodidacte névrosé. Le champ des comparaisons possibles est des plus étendus. On songe à Kant, dont Nimzowitsch a l'écriture difficile et le raisonnement systématique. *Mon système* peut alors aussi bien s'intituler : *Prolégomènes à tout jeu d'échecs futur qui pourra se présenter comme science*. Ou bien *Mon système* est-il de nouveaux *Mémoires d'un névropathe* ? D'une vanité sans limite, Nimzowitsch a pour persécuteurs les critiques, qui sont toujours « médiocres », dont « le monde est celui de la jalousie ».

Mon système, c'est aussi l'intrusion dans le champ théorique des échecs de « machines désirantes », mécanismes de nullité... L'échiquier entier vibre d'un animisme surprenant : « même si cela devait paraître étrange, je maintiens que le pion passé et les autres acteurs ont pour moi une âme, comme l'homme, des souhaits inconscients qui sommeillent en eux... ». Nimzowitsch a aussi le goût maladif des jeux de mots : « je suis un partisan déclaré des mises en parallèle à effet comique », et la langue allemande, où les pièces d'échecs sont des « paysans » et des « officiers », lui offre une matière inépuisable. Avec Nimzowitsch, la métaphore échiquéenne traditionnellement militaire s'estompe. On parle beaucoup de « démocratie », de « capital », de « petite bourgeoisie », de « force de travail la moins chère ». Clausewitz bat en retraite devant Marx. Enfin, ce qui revient toujours comme un leitmotiv sous la plume de Nimzowitsch, c'est l'ambition d'être le philosophe des échecs, de « permettre une compréhension philosophique du jeu d'échecs ».

*Pour toutes ces raisons, il importait de traduire intégralement cet ouvrage, et de refuser le choix de nombreux traducteurs, qui n'ont voulu en conserver que l'aspect purement échiquéen. Tout joueur d'échec doit connaître ce livre, mais il peut aussi intéresser le psychologue, le philosophe, l'historien, le sémiologue... bref l'honnête homme de notre époque.

Norbert ENGEL

* Je voudrais remercier Doris, Béa, Etienne et Michel, sans lesquels cette traduction n'aurait pas vu le jour.

Préface

En général je ne suis pas partisan d'écrire des préfaces, mais dans le cas présent une préface m'a paru nécessaire. Tout ce qui se dit dans ce livre est si radicalement neuf que la préface sera un médiateur bienvenu.

Mon nouveau système n'est pas apparu brusquement, mais lentement, peu à peu. Je dirais qu'il a grandi organiquement. Bien sûr, l'idée essentielle qui consiste à analyser séparément les éléments de la stratégie échiquéenne, est le fruit d'une inspiration. Mais il n'est pas suffisant de dire de la colonne ouverte quelque chose du genre : il faut l'occuper et l'utiliser, ou de dire du pion passé qu'il doit être arrêté. Non ! il faut pousser l'analyse jusqu'au détail. Cela paraît ridicule à dire, mais je vous assure, cher lecteur, que le pion passé me semble avoir une âme comparable à celle de l'homme, des désirs latents qui sommeillent en lui et des craintes dont il se doute à peine. Il en va de même pour la chaîne de pions et pour les autres éléments de la stratégie. A propos de chacun, je donnerai toute une série de principes et de règles utilisables dans la pratique. Ces règles vont jusqu'au fond des choses et vous aideront à mieux comprendre l'enchaînement apparemment mystérieux des faits qui se déroulent sur ces soixante-quatre cases que nous chérissons tant.

La deuxième partie du livre présente le jeu positionnel sous sa forme néo-romantique. On affirme souvent que je suis le père de l'école néo-romantique. Il ne sera donc pas dépourvu d'intérêt de voir ce que j'en pense.

On a l'habitude d'écrire des manuels sur un ton sec et docte. On croirait commettre un péché en mettant de-ci, de-là, une tournure humoristique, car que peut bien avoir à faire l'humour avec un manuel échiquéen ! Je ne suis absolument pas de cet avis et, pour tout dire, je considère même que le véritable humour contient souvent plus de vérité que le sérieux le plus sérieux.

Pour ma part, je suis un partisan déclaré des mises en parallèle à effet comique. Je compare volontiers la vie sur l'échiquier à la vie quotidienne : la complexité de ce qui se passe sur l'échiquier s'évanouit alors souvent.

En plusieurs endroits j'ai donné des schémas pour faire apparaître la structure même du raisonnement. Je l'ai fait autant par souci pédagogique que par mesure de sécurité. J'ai voulu éviter que des critiques médiocrement doués – car il en existe – ne retiennent que les détails et passent (volontairement ou involontairement) à côté de ce que mon livre apporte de véritablement essentiel. Les choses isolées (tout particulièrement dans la première tranche de mon ouvrage) paraissent fort simple ; tout le mérite en revient à mon livre. Je crois pouvoir être fier d'être parvenu à réduire le chaos à un certain nombre de règles, causalement liées entre elles. Les cinq cas spéciaux sur les septième et huitième traverses paraissent très simples à comprendre, mais si vous saviez comme il a été difficile de les tirer du chaos ! Ou encore la colonne ouverte et surtout les chaînes de pions. Bien sûr, chaque partie de ce livre est plus difficile que la précédente, car une progression existe tout au long du livre. Mais je ne veux pas me réfugier derrière cette difficulté croissante pour lutter contre les attaques de critiques de petite envergure. Si j'insiste, c'est seulement à l'intention du lecteur. On me reprochera sans doute d'avoir pris presque exclusivement pour exemples mes propres parties. Cette attaque ne me désarçonne pas. Comment ? Je n'aurais donc pas le droit d'illustrer mon système avec mes parties ? Au reste je donne d'ailleurs quelques (bonnes) parties d'amateurs. Je ne suis donc pas aussi terrible qu'on veut bien le dire.

Voici la première partie de mon œuvre. J'ai bonne conscience. Mon livre a ses insuffisances, il m'a été impossible de fouiller tous les recoins de la stratégie, mais je pense malgré tout avoir écrit le premier véritable manuel du jeu d'échecs (et non pas seulement des ouvertures).

Aaron Nimzowitsch

1.

Le jeu positionnel

Le premier chapitre qui joue le rôle d'introduction présente une conception du jeu positionnel et traite en détail le problème du centre.

1. Les relations changeantes entre le traitement des éléments d'une part et le traitement du jeu positionnel de l'autre

Le gentil lecteur s'en rendra bientôt compte ; ma conception du jeu positionnel repose en grande partie sur les connaissances que nous avons durement acquises en considérant les « éléments ». Cela est particulièrement vrai à propos des deux stratagèmes que nous avons mis au point : **la centralisation et le handicap.** Ce lien entre les choses a ceci d'agréable qu'il prête à notre propos une certaine continuité qui ne peut être que profitable au lecteur. Ce dernier ne doit cependant pas penser que la compréhension du jeu de position ne présente pas de difficultés notables. Ce serait une grande erreur : d'abord parce que le jeu de position recèle encore d'autres idées comme le principe de surprotection (que j'ai découvert) ou comme la difficile stratégie au centre ; ensuite parce que c'est précisément cette transposition d'idées connues, sur un terrain radicalement neuf (passage des éléments au jeu de position), qui est complexe.

Ce type de difficulté ressemble fort à celui que connaîtrait un compositeur qui doit modifier une sonate pour violon, de telle façon qu'elle puisse être jouée par un orchestre entier. Le thème et les mouvements ont beau rester les mêmes, il n'empêche que le tout gagne en ampleur et en extension. Illustrons cela concrètement dans le domaine échiquéen : prenons par exemple le handicap. Dans les « éléments », cela ne concernait qu'un domaine très restreint : un pion passé est handicapé ou une chaîne de pions adverses devenue mobile est stoppée. Dans le jeu de position, par contre, le concept de « handicap » joue un rôle bien plus important : c'est souvent toute une aile qui est ou qui va être handicapée. Dans les parties où le joueur qui handicape mène son jeu avec vigueur (je pense à ma partie contre Johner jouée à Dresde en 1922), on peut assister au spectacle suivant : tout l'échiquier, les deux ailes, les recoins même, épousent le mouvement et le répercutent à l'infini !

Le deuxième cas est plus grave encore : là, le thème a une véritable dimension épique et se mêle à une série de coups qui ne sont que des va-et-vient apparemment sans but. Ce jeu de louvoiement correspond un peu à l'accompagnement dans un morceau de musique. Nombreux sont ceux qui pensent que ces deux choses : le louvoiement et l'accompagnement, sont superflues et certains vont même jusqu'à considérer le va-et-vient comme une véritable décadence. En vérité, le louvoiement est très souvent le comportement stratégique (nous avons bien dit stratégique et pas seulement psychologique) indiqué pour faire apparaître comme décisif dans la lutte un mince avantage d'espace et sa conséquence directe qui est la plus grande mobilité de manœuvre des pièces d'une aile à l'autre.

2. A propos de conceptions positionnelles nuisibles. Leur élimination est une condition *sine qua non* pour l'apprentissage du jeu positionnel

a) L'obsession d'activisme de beaucoup d'amateurs.

b) La surestimation magistrale de l'accumulation des petits avantages.

En fait, il existe une quantité d'amateurs auxquels le jeu positionnel ne semble pas convenir. Une pratique de la pédagogie échiquéenne, vieille de vingt ans, m'a convaincu que ce mal est aisément curable, puisqu'il ne s'agit, dans la grande majorité des cas, que d'une attitude psychologiquement fausse de la part de l'amateur. Rien de mystérieux ne se raccroche au jeu positionnel. Chaque amateur qui a étudié mon ouvrage jusqu'ici devrait facilement saisir l'essence du jeu de position à la double condition de s'engager :

- à détruire les conceptions nuisibles ;
- à se conformer aux principes que nous énonçons plus loin.

Une conception nuisible typique et fort répandue est celle qui pousse l'amateur à penser que chaque coup doit avoir un résultat immédiat ; en conséquence, notre ami ne cherchera à jouer que des coups qui menacent quelque chose ou des coups qui parent une menace. Par contre, il ignorera tous les autres coups, coups tranquilles ou coups en vue de redisposer les pièces. Nous expliquons ici avec force qu'il est complètement faux d'adopter une telle optique. Les coups positionnels, dans la plupart des cas, ne sont ni des coups de défense, ni des coups d'attaque. Il s'agit, selon ma conception, de coups devant assurer magistralement la position. Pour cela, il est nécessaire d'amener les pièces en contact avec les points stratégiques importants (les siens et ceux de l'adversaire). Se reporter plus loin aux paragraphes : *Lutte contre les coups de libération adverse* et *surprotection.*

Lorsqu'un joueur positionnel, c'est-à-dire quelqu'un qui sait assurer sa position magistralement, rencontre un joueur tacticien, voici la surprise qui arrive souvent : le tacticien qui attaque violemment ne s'attend qu'à deux types de réponses : soit un coup de défense, soit une contre-attaque. Et voilà que le joueur positionnel le déconcerte en choisissant un coup qui n'appartient à aucune de ces deux catégories : ce coup met d'une certaine façon les pièces en liaison avec une case-clef et ce contact se révèle miraculeux : la position est assainie et l'attaque échoue. Tout aussi déconcertant apparaîtra un coup qui protège une case qui n'est pas attaquée. Le joueur positionnel ne couvre pas une case en pensant à elle seulement, mais aussi parce qu'il sait que la pièce qui la couvre gagnera de la force au contact de cette case. On traitera plus amplement de cela dans la rubrique « surprotection ».

Pour illustrer cela, voici une partie où on peut observer la démonstration de l'attitude psychologique fausse que nous venons de dénoncer. J'avais les Blancs contre un amateur connu et jouant bien, mais qui avait d'une partie d'échecs normale une idée un peu simpliste ; l'un des joueurs fait le petit roque, l'autre le grand roque ; puis on fait déferler sur chaque roque une marée de pions et le premier arrivé a gagné.

On va voir comment et pourquoi cette conception fort dilettante mène au désastre : *Blancs :* Nimzowitsch ; *Noirs :* N. N., Riga 1910 : **1. e2-e4 e7-e5 2. Cg1-f3 Cb8-c6 3. d2-d4 e5×d4 4. Cf3×d4 d7-d6** (ce coup est parfaitement jouable, mais seulement en rapport avec une structure défensive très solide qu'on peut atteindre grâce à Cf6, Fe7, 0-0, Te8 avec une pression sur e4). **5. Cb1-c3 Cg8-f6 6. Ff1-e2 Ff8-e7 7. Fc1-e3 Fc8-d7 8. Dd1-d2 a7-a6? 9. f2-f3 0-0 10. 0-0-0 b7-b5.** Cette attaque semble ici peu indiquée et l'expression pleine de soif guerrière que formula mon adversaire à ce propos n'en est que plus charmante encore : *Très bien, on peut y aller*. Je compris immédiatement : il attendait que je joue g2-g4 entraînant une course de pions pleine de suspense : qui arrivera le premier ?

Diagramme 123

La tentative d'attaque b7-b5? est réfutée par un coup positionnel. Lequel ?

La réponse fut Cc3-d5 : ce coup qui occupe l'avant-poste de la colonne d satisfait au second principe des coups positionnels : une attaque adverse anticipée sur l'aile doit être châtiée par un jeu au centre (= poussée et occupation du centre). Voilà quelle fut la suite : **11. ... Cf6 × d5 12. e4 × d5 Cc6 × d4 13. Fe3 × d4** et les Blancs sont nettement mieux : ils tiennent une position centrale qui ne peut leur être arrachée. (13. ... Ff6 14. f3-f4 Tf8-e8 15. Fe2-f3 suivi de Th1-e1) ; de plus, l'aile-dame noire est déchirée, ce qui sera une grave faiblesse en finale. Cd5 était un coup positionnel. L'attitude psychologique du joueur noir correspond à celle que nous avions décrite plus haut. Quelle est la morale de cette histoire ? Il ne faut pas toujours vouloir attaquer ! Des coups qui agissent pour mettre en sécurité la position, et qui répondent aux exigences même de cette position, sont bien plus recommandables.

Une autre attitude tout aussi coupable existe chez les maîtres eux-mêmes. Beaucoup de maîtres et quantité de forts joueurs pensent que le jeu de position consiste en une accumulation de petits avantages qui seront exploités en finale. Cette façon de faire exigerait un grand savoir et serait très satisfaisante d'un point de vue esthétique.

A cela, nous voudrions répondre que l'accumulation d'avantages minimes ne peut constituer la part essentielle du jeu de position. Bien plus, nous pensons que cette manœuvre n'a qu'un rôle très subalterne. D'autre part, la difficulté de cette façon de jouer est bien trop surestimée ; enfin on ne voit pas très bien pourquoi l'engrangement mesquin de valeurs mérite d'être appelé « beau ». Cela ne ressemble-t-il pas plutôt à l'activité d'un grippe-sous, et, qui peut trouver « belle » une semblable personne ? Nous notons ainsi qu'il y a bien d'autres points dont doit se soucier le joueur positionnel, des points qui éclipsent totalement « l'accumulation ».

Quels sont ces points et où est-ce que je place l'idée du véritable jeu positionnel ? Je réponds brièvement et nettement : dans la prévention.

3. Ma nouvelle conception du jeu positionnel. La célèbre accumulation d'avantages minimes n'est caractéristique qu'en deuxième ou troisième lieu ; bien plus essentielle est la prévention menée vers l'extérieur et vers l'intérieur. Ma création : la surprotection, comment elle s'exprime et quel est son sens

Nous l'avons répété à plusieurs reprises : attaque et défense n'appartiennent pas à mon avis au jeu positionnel. Ce qui est caractéristique du jeu positionnel, c'est une prophylaxie énergique, menée dans un but précis. Il s'agit avant tout de détruire dans l'œuf quelques possibilités peu souhaitables du point de vue positionnel. Ces possibilités sont de deux sortes si on excepte les malheurs que peuvent connaître les joueurs plus faibles (rappelons à ce propos que le débutant doit éviter de perdre ses pions au centre, puisque l'absence d'un pion central permet une avalanche de pions adverses. Le joueur expérimenté par contre trouvera les moyens de s'opposer à cette avalanche.

La première possibilité est que l'adversaire parvienne à jouer un coup de pion libérateur. Le joueur positionnel placera ses pièces de façon à empêcher les coups libérateurs de l'adversaire. Remarquons encore qu'il faudra chaque fois examiner si le coup « libérateur » en question entraîne réellement une libération. Comme je l'ai démontré dans mon article révolutionnaire « la partie moderne », le dicton « tout ce qui brille n'est pas or » vaut parfaitement pour les coups libérateurs ; plus d'un coup « libérateur » a pour seul effet une ouverture désavantageuse et prématurée du jeu, alors que d'autres coups libérateurs sont des réactions normales et doivent être accueillis avec calme ; il serait ridicule de vouloir lutter contre une apparition naturelle. Bien que nous expliquions plus précisément encore les coups libérateurs sous la rubrique « Handicap », nous ne voulons pas manquer l'occasion de donner déjà deux exemples : d'abord l'exemple d'une libération fausse au diagramme 124 : le coup e6-e5 dans les positions de ce genre est considéré comme un coup libérateur car il ouvre le jeu étriqué des Noirs. Il illustre bien l'impératif positionnel qui veut que la poussée au centre soit la contre-mesure à la tentative

Diagramme 124

En jouant b2-b4, les Blancs permettent à l'adversaire le coup libérateur e6-e5. Ont-ils raison ?

blanche de conquête de l'aile-dame (= jeu au centre contre jeu à l'aile). Malgré tout, les Blancs jouèrent ici b2-b4 (au lieu de Te1) avec raison. Qu'on en juge : **1. b2-b4 ! e6-e5 2. d4×e5 Cc6-e5 3. Fc1-f4 C×f3+ 4. D×f3 Dd8 5. h2-h3** suivi de Ta1-d1 et de l'occupation de d4 (case de déblocage) par le Cavalier ou le Fou, ce qui donne l'avantage aux Blancs. Dès le début, les Noirs avaient des temps de retard, d'où l'échec de leur tentative de se libérer.

Le deuxième exemple (diagramme 125) nous montre qu'il n'est pas possible d'éviter de façon absolue un coup libérateur adverse,

Diagramme 125

Nimzowitsch-Giese

lorsque ce coup est correct, c'est-à-dire préparé. Dans ces cas-là, nous devons tout simplement nous efforcer de rendre la tâche de l'adversaire plus difficile sans nous obstiner à vouloir éviter l'inévitable (diagramme 125). Cette position a été atteinte après les coups **1. e4-e5 2. Cf3 Cc6 3. Fc4 Fe7 4. d4-d6 5. d5-Cb8.** La chaîne de pions e4-d5 e5-d6 fait en sorte que les Blancs tendront à jouer c2-c4, les Noirs, f7-f5. Des mesures draconiennes comme 6. Fd3-Cf6 7. h3 0-0 8. g2-g4 ? seraient déplacées d'un point de vue positionnel. Par contre, **6. Fd3 Cf6 7. c4 0-0 8. Cc3 Ce8 9. De2** paraît indiqué, afin de se livrer après **9. ... f5** à la petite transaction suivante : **10. e4×f5 F×f5 11. F×f5 T×f5 12. Cc3-e4.** On comparera le résultat à la position du diagramme 122. Notons qu'empêcher les coups de pions libérateurs (lorsque cette action est nécessaire et réalisable) est de la plus grande signification pour tout le jeu positionnel. Nous appelons cette action d'empêcher : « la prophylaxie menée vers l'extérieur ». Le concept de prophylaxie menée vers l'intérieur est beaucoup plus difficile à comprendre car nous avons à faire à une idée radicalement nouvelle : il s'agit de la prévention d'un mal qui n'a jamais été saisi comme tel mais dont les ravages peuvent être terribles... et d'habitude ils le sont.

Ce mal consiste en ce que nos propres pièces ne sont souvent pas (ou trop peu) en contact avec les points stratégiques importants. Je considère cette situation comme un mal et j'ai donc dû formuler l'exigence stratégique suivante : on doit surprotéger ses propres points stratégiques importants (donc couvrir plus de fois qu'il n'y a d'attaques, couvrir en prévision de...). Voici ma règle et les raisons sur lesquelles elle s'appuie : les points faibles, mais plus encore les points forts, bref tout ce qu'on a coutume d'appeler « point stratégique important » doit être surprotégé. Si les pièces remplissent ce rôle, elles seront doublement récompensées : elles protégeront des points stratégiques importants, elles occuperont à tout point de vue une position optimum ; ainsi, la signification du point stratégique les fera resplendir de tout son éclat, pourrions nous dire avec une certaine emphase. Voilà ma règle.

Ajoutons deux remarques explicatives :

Premièrement : on se souviendra du curieux fait relevé au cours de notre analyse du pion passé : les cases de blocage sont, dans presque tous les cas, de bonnes cases. Un officier* se rendit plein de résignation dans une lointaine garnison et, là, quelle ne fut sa surprise de voir combien il avait à faire. Il en va de même pour la pièce sur une case de blocage ; le devoir stratégique bien rempli (c'est-à-dire le blocage effectué selon toutes les règles de l'art) mérite une récompense ; la voici : des possibilités d'action bien plus étendues, à partir de la case de blocage. On se croirait dans un de ces contes de fées, où les bonnes actions sont récompensées. L'idée de la surprotection n'est au fond rien d'autre que l'idée énoncée précédemment, mais sous une forme élargie. Qu'on en juge : nous surprotégeons par exemple un pion avancé fort (e5 dans le diagramme 126). La protection par d4 est insuffisante car les Blancs pensent répondre à un éventuel c6-c5 par d4×c5 (= abandon de la base de la chaîne de pions et occupation de la case libérée d4). Nous surprotégeons le

Diagramme 126

Les Blancs ont le trait. Quel point faut-il surprotéger ?

pion e5 avec nos pièces ainsi : **9. Cb1-d2 Cg8-e7** (nous suivons la partie Nimzowitsch-Giese) **10. Cd2-f3 ! Ce7-g6 11. Tf1-e1 ! Ff8-b4** (pour amener finalement le Fou en c7 et jouer quand même f7-f6 malgré la surprotection blanche) **12. c2-c3 Fb4-a5 13. Fc1-f4 !** (troisième surprotection) **0-0 14. Ff4-g3 Fa5-c7 15. Cf3-g5** (et c'est maintenant que se révèle de façon étonnante la force interne de la surprotection : les « surprotecteurs » Cf3 et Ff4, apparemment inertes, ainsi que cette vieille baderne de Te1 déploient soudain une activité fébrile) **15. ... Tf8-e8 16. Ce2-f4 Cg6-h8 17. Dd1-g4 Cd7-f8 18. Te1-e3 !** Et la vieille baderne se réjouit à l'idée de la lutte fraîche et joyeuse qui se prépare : **18. ... b7-b6** (Fd8 était un peu meilleur) **19. Cf4-h5 Ch8-g6 20. Te3-f3 Te8-e7** (diagramme 127) **21. Ch5-f6 + Rg8-h8** et les Blancs

* N'oublions pas le jeu de mot allemand, souligné dans une note au début du livre (NDT).

Diagramme 127

(Voir diagramme 126.)
La carrière du surprotecteur

gagnèrent facilement par **22. Cf6 × h7 Cf8 × h7 23. Cg5 × f7 Te7 × f7 24. Tf3 × f7.** L'idée était la suivante : surprotéger un point stratégiquement important était une « bonne action » ; la récompense ne tarda pas : ce fut l'acquisition d'un grand rayon d'action pour le surprotecteur. Enfin, regardons le diagramme 128 : c'est un dernier

Diagramme 128

Le dernier coup d'Aljechin : 14. ... Dc5-f5 ! Après Ta1-d1 Ta8-e8 (joués dans la partie), quel point doit être surprotégé ?

exemple (nous consacrons plus loin un chapitre entier au surprotecteur). Après **15. Ta1-d1 Ta8-e8,** on assista à la surprenante manœuvre suivante : **16. Td1-d2 !** suivi de Tf1-d1. Pourquoi ? Parce que Dd3 (et peut-être aussi le pion en d4) sont les points clés de la position blanche, et, donc, leur surprotection s'impose. Et, en fait, après très peu de coups, les Tours d2 et d1 s'avéreront être de parfaits combattants (elles défendent magistralement le Roi). Voici quelle fut la suite des événements après **16. ... Df5-g5 17. Tf1-d1 Fb6-a7 18. Ce2-f4 Ce7-f5 19. Cc3-b5 Fa7-b8** et les Blancs auraient dû jouer Td2-e2 suivi de Tde1 après quoi les « surprotecteurs » auraient été à l'honneur.

Deuxièmement : la règle de la surprotection est particulièrement valable pour des cases fortes, c'est-à-dire pour des cases centrales importantes qui sont à protéger plusieurs fois, pour des cases de blocage ou pour des pions passés forts, etc. Il ne faut pas surprotéger des points quelconques (= faibles), cela aboutirait rapidement à une position passive des défenseurs. Par contre, un pion faible qui serait la base d'une importante chaîne de pions peut et doit être surprotégé avec beaucoup de soins. Pour illustrer ce dernier cas, considérons une fois de plus notre bonne vieille chaîne de pions d4-e5/d5-e6 (diagramme 129) et comparons-la au schéma du diagramme 129a. Dans le premier cas cité, les Tours protègent la base faible (dans une certaine mesure,

Diagramme 129

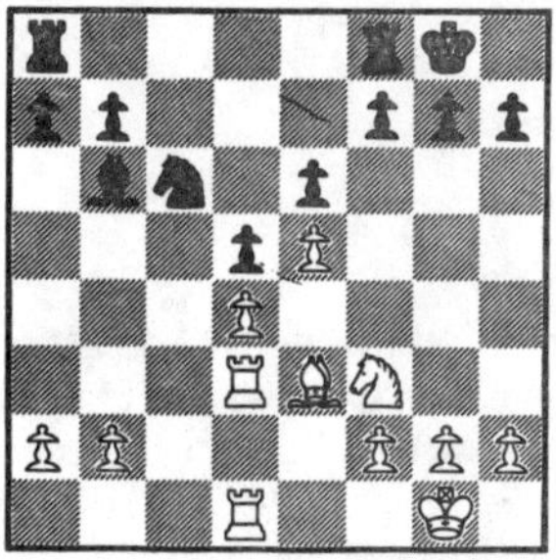

Schéma : la base d4 consolidée augmente la valeur du pion d'attaque e5 (clef de voûte) ; la mise en place des Tours doublées est une sage surprotection (« le poignard à portée de la main »)

Diagramme 129 a

Schéma : la disposition des Tours blanches n'a pas valeur de surprotection. C'est plutôt une position de défense passive (dénoncée précédemment)

chaque base peut être considérée comme faible, puisqu'il lui manque la seule défense vraiment sûre : celle d'un pion), et cette défense profite indirectement au pion e5 car, comme nous le savons, le renforcement de la base est synonyme de renforcement de toute la chaîne. On rejouera à titre d'exemple ma partie contre Tarrasch (t. I) dans laquelle j'ai d'abord péniblement couvert d4, mais où j'ai obtenu, après avoir achevé ma surprotection, une très forte attaque qui devait me mener à la victoire. L'âme de cette attaque était le pion e5 qui pouvait s'appuyer en toute quiétude sur le pion d4 en « parfaite santé ». Dans la position du diagramme 129a, par contre, le pion e5 manque et le rôle qu'auraient normalement à jouer les Td1 et d3 se trouve singulièrement diminué. D'une tâche naguère pleine de responsabilités, il ne reste que l'ennuyeux devoir de protéger le pion d4 de l'anéantissement. En d'autres termes, dans le cas du diagramme 129a, l'édification d'une surprotection ne promet aucune attaque dans un avenir proche ou lointain (au contraire de la position du diagramme 129) et ainsi elle n'est qu'un placement passif des pièces de défense. Nous mettons vivement en garde contre un tel placement. En résumé, la loi de la surprotection n'est valable que pour les cases fortes. Les points faibles ne peuvent exiger d'être surprotégés que s'ils supportent d'autres points qui eux sont forts (= le pion faible est ici la nounou d'un géant en cours de croissance).

4. Avec la prophylaxie, l'idée de « mobilité globale » de la masse de pions est un des principaux postulats de ma théorie positionnelle. Le lecteur qui se plaint de trop de règles a droit à une petite mais véritable compensation

En définitive, le jeu positionnel est une lutte entre la mobilité (de la masse de pions), d'une part, et les tendances à handicaper celle-ci de l'autre. Dans cette lutte qui nous tient en haleine l'important stratagème de la prophylaxie n'est qu'un moyen en vue de la fin. Il est très important de rechercher la plus grande mobilité possible de la masse de pions, car l'expansionnisme d'une masse de pions peut avoir un effet étouffant. Cette mobilité n'est pas restreinte par l'éventuelle présence d'un pion resté à l'arrière (= pion arriéré) alors que l'ensemble avance. Le pion arriéré peut par exemple faire office de tuteur. Ainsi dans le cas d'une masse de pions mobile, c'est la mobilité globale qui compte, non la mobilité individuelle de chaque pion en soi et pour soi.

Regardons le diagramme 130 : on attend tôt ou tard la poussée égalisatrice d2-d4 (qui nous débarrasse du pion arriéré d2). La suite jouée fut cependant bien plus correcte **17. f2-f4 Dd8-e7 18. e3-e4 ! Fd7-c6 19. g2-g4** (diagramme 130a) et les Blancs gagnèrent aisément (cf. partie n° 25 à la fin du chapitre). De même, dans la partie que j'ai jouée contre Rubinstein à Dresde en 1926, je ne me suis pas pressé de me débarrasser de mon pion arriéré : *Blancs :* Nimzowitsch ; *Noirs :* Rubinstein : **1. c2-c4 c7-c5 2. Cg1-f3**

Diagramme 130

Nimzowitsch-Prof. Michel (Semmering 1926)

Les Blancs établissent une masse de pions mobile et laissent un pion à la maison comme nourrice ! Comment ?

Diagramme 130 a

e4, f4, g4, en liaison avec la grande diagonale b2-h8, représentent une section d'assaut. Le pion d arrière protégera (après d2-d3) les pions c et e

Cg8-f6 3. Cb1-c3 d7-d5 4. c4 × d5 Cf6 × d5 5. e2-e4 ! Cd5-b4 6. Ff1-c4 e7-e6 7. 0-0 Cb8-c6 (si 7. ... a7-a6 je ne me hâte pas du tout de pousser le pion arriéré car 8. d4 c × d 9. D × d4 D × d4 10. C × d4 Fc5 11. Fe3 F × d4 12. F × d4 Cc2 ! 13. Tad1 C × d4 14. T × d4 Cc6 15. Td2 b5 suivi de Fb7 et de Re7 permettrait seulement d'égaliser, alors que 8. d2-d3 (après a3 et Cc6) et Fe3 suivi de la mobilisation des pièces lourdes promet une belle attaque) **8. d2-d3 Cc6-d4** (sinon a3) **9. C × d4 c × d 10. Ce2** et les Blancs après f2-f4 ont une masse de pions mobile, activement soutenue par le Fc4 (on verra cette partie à la fin du deuxième chapitre).

Nous espérons que notre jugement sur les pions arriérés nous aidera à gagner bien des cœurs échiquéens. Maint lecteur aura sans doute trouvé trop sévère notre règle de la surprotection. Comment, s'exclamera-t-il, on ne peut même plus manœuvrer selon ses humeurs, mais on a le devoir de protéger de mystérieux points qui ne sont même pas attaqués ! Mon jugement clément à propos des pions arriérés doit être un baume au cœur et une consolation pour ces chers lecteurs. Et maintenant, tournons notre attention vers cet effrayant obstacle qui fait souvent trébucher l'amateur et parfois le maître, nous voulons parler du centre.

5. Le centre

Une surveillance relâchée du centre est une faute caractéristique qui se répète sans cesse. Le centre, c'est les Balkans de l'échiquier. A propos du « virage de bord » du centre vers les ailes ; il est prisé mais stratégiquement douteux. A propos de l'invasion centrale ; l'occupation des cases centrales

Il est nécessaire, dans certaines positions, de pointer les pièces vers le centre adverse ; c'est là une vérité bien connue (par exemple dans les positions caractérisées par des pions blancs e4, f4, pions noirs d6-f7 ou Blancs d4-c4, Noirs e6-c6). Par contre, on ignore souvent que l'observation du centre est une nécessité stratégique, même lorsqu'il s'agit d'un centre verrouillé à moitié. Le centre, c'est les Balkans de l'échiquier : c'est pourquoi il y a toujours des conflits en perspective. Qu'on se souvienne d'abord d'une position qui, du point de vue du centre, est tout à fait innocente : **1. e4-e5 2. Cf3 Cc6 3. Fc4 Fc5 4. Cc3 Cf6 5. d3-d6 6. Fg5 h6 7. Fh4 g5 8. Fg3** (comparons avec le diagramme 87, cf. *Mon système,* t. I).

Malgré l'innocence que nous évoquions plus haut, deux conflits menacent le centre noir : **I.** Fb5 suivi de d3-d4 ; **II.** Cd5 suivi de c2-c3 et d4. Un autre exemple nous est fourni par le début d'une partie Capablanca-Martinez (1914). Après **1. e4-e5 2. Fc4 Fc5 3. Cc3 Cf6 4. d3 Cc6 5. Fg5 h6 6. Fh4-g5 7. Fg3 h5 8. h4 g4 9. Dd2 d6 10. Ce2 De7 11. 0-0,** les Noirs (diagramme 131) pensèrent pouvoir se permettre

Diagramme 131

Capablanca-Martinez

Les Blancs punissent les Noirs d'avoir perdu inutilement un temps (a7-a6) : ils envahissent le centre

le coup a7-a6. Cette perte de temps est d'autant plus grave que la position n'est fermée qu'en apparence, et, peut s'ouvrir d'un moment à l'autre grâce à Cd5 (cela est valable pour 90 % de toutes les positions centrales fermées). Voici quelle fut la suite : **12. Cd5 ! C×d5 13. e×d Cd4 14. C×d4 F×d4 15. c3 Fb6 16. d4 f6 !** et les Blancs ont un avantage décisif (voir partie commentée). Après les six premiers coups, les Noirs, par une stratégie habile au centre, auraient pu prendre l'initiative. En voici la preuve : **1. e4-e5 2. Fc4-Fc5 3. Cc3-Cf6 4. d3 Cc6 5. Fg5 h6 6. Fh4** et maintenant un coup comme 6. ... d6 (Fe7 est sans doute encore plus simple). Si jamais (après 6. ... d6) 7. Cd5 8. Fg3, on jouera Fe6 avec la menace bien connue F×d5 Ce7 Fb5+ c6 d×c b×c et les Noirs contrôlent le centre. Autre possibilité encore : 6. ... Cd4 (au lieu de 6. ... d6) ; par exemple : **6. ... Cd4 7. Cd5-g5 8. Fg3-c6 ! 9. C×f6 D×f6 19. c3-Ce6 11. h4-d6** suivi de Fd7 et 0-0-0 et éventuellement Cf4.

Tous les cas précités nous apprennent que la fonction du Cavalier en c3 et c6 n'est pas uniquement d'empêcher les poussées de pions (respectivement d4 et d5) mais aussi d'envahir le centre adverse (respectivement Cd5, Cd4) à la moindre défaillance de la défense. Une telle négligence se rencontre souvent chez beaucoup d'amateurs, qui montrent un penchant avoué à « virer de bord » prématurément en direction des ailes. C'est hélas un fait vérifié : les joueurs ne se demandent pas assez s'ils n'ont pas retiré trop de troupes au centre. Une telle manière dilettante de jouer s'est affirmée durant des années (et même dans des tournois de maîtres !!!) **1. e4-e5 2. Cc3-Cf6 3. Fc4-Fc5 4. d3-Cc6 5. f4-d6 6. f5 ?** (diagramme 132) (bien sûr, c'est Cf3 qu'il fallait jouer). A l'aide de **6. ... Cd4** suivi de **c6-b5 a5-Db6** et éventuellement de la poussée **d6-d5,** les Noirs parviennent à un jeu actif au centre et sur l'aile gauche ; leur avantage est éclatant.

Diagramme 132

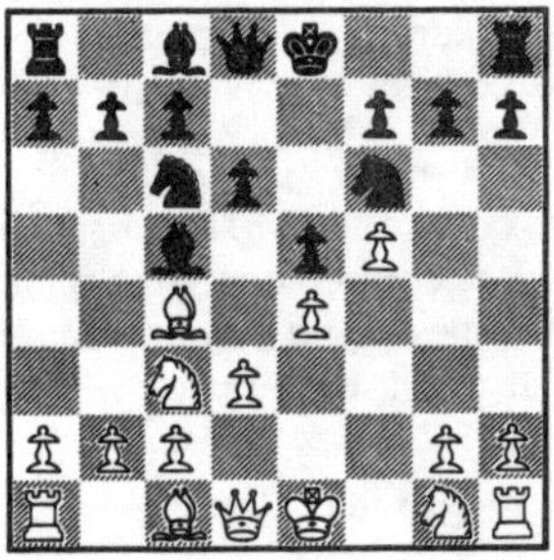

Le dernier coup blanc f4-f5 néglige le centre (il semble même faire diversion et soulager le centre. Comment punir une stratégie aussi imparfaite ?

On ne mettra jamais assez en garde contre ce « virage de bord », dont nous avons parlé plus haut. Je donne à présent un exemple qui se déroule sans que la moindre goutte de sang ne soit versée : **1. e4-e5 2. Cf3-d6 3. d4-Cf6 4. d × e C × e4 5. Fd3-Cc5 6. Ff4 C × d3** (là, les Noirs avaient déjà la possibilité d'édifier leur jeu sur des principes scientifiques par **6. ... Ce6** suivi de d6-d5 ; Ce6 serait notre bloqueur élastique et solide) **7. D × d3 Cc6 8. 0-0** (8. Cc3 suivi de 0-0-0 nous semble meilleur) **8. ... Fe7 9. e × d F × d6 10. F × d6 D × d6 11. D × d6 c × d6** (diagramme 133).

Dans cette position, voici ce qui advint : **12. Te1 + ? Fe6 13. Cg5** (le classique virage de bord des joueurs non positionnels) **Rd7 14. c3** et les Blancs ne sont pas particulièrement bien. Il fallait jouer (diagramme 133) **12. Cc3!** (au lieu de Te1 + ?) suivi de **Cb5** et **14. Cd4** avec une centralisation et un jeu solide.

Diagramme 133

Après Te1 + , Fe6, les blancs opérèrent le déplacement à la mode Cg5, etc. Quelle stratégie centrale était de mise au lieu de Te1 + ?

Nous présentons maintenant une partie complète qui caractérise parfaitement cette sous-estimation de la stratégie centrale qu'on trouve trop souvent, même chez de forts joueurs.

Jouée en 1920
dans un tournoi en Suède

Blancs : BERNDTSSON
Noirs : S. J. BJURULF

1. d2-d4	**d7-d5**
2. Cg1-f3	**Cg8-f6**
3. Fc1-f4	**e7-e6**
4. e2-e3	**c7-c5**
5. c2-c3	**b7-b6**

Le meilleur coup paraît être ici 5. ... Cc6 ! et si 6. Cd2 Fe7 7. h3 (à cause de Ch5) 7. ... Fd6 ! 8. Ce5 F×e5 9. d×e Cd7 10. Cf3 et un terrible combat se prépare autour du point e5 (diagramme 134).

S'entraîner à la pratique de tels combats est une nécessité pour le joueur positionnel. On peut imaginer le bon plan suivant : 10. ... a6 ! 11. Fd3 f6 ! (11. ... Dc7 n'est pas bien à cause de 12. 0-0 C×e5 ? 13. C×e5 C×e5 suivi de 14. Dh5 qui gagne) pour s'emparer après 12. e×f D×f6 de l'objet de nos convoitises (= le point e5) grâce à e6-e5. Nous conseillons vivement au lecteur l'étude de cette position.

Le coup 5. ... b7-b6 peut être considéré comme une faute typique dans la mesure où il ignore complètement que quelque chose se passe au centre.

6. Cb1-d2	**Ff8-d6**
7. Cf3-e5	**...**

Ce coup me plaît bien, encore fallait-il peut être préférer une possibilité tactique plus prometteuse : 7. Fb5+ Fd7 ? 8. F×d6 F×b5 9. d×c. Il reste néanmoins que Ce5 est le coup le plus logique car b7-b6 était une perte de temps, qui a rendu le centre incapable de résister à une invasion.

7. ...	**Fd6×e5**
8. d4×e5	**Cf6-d7**
9. Dd1-g4	**Th8-g8**
10. Cd2-f3	**Cb8-c6**
11. Ff1-d3	**Cd7-f8**

Diagramme 134

Les Noirs ont le trait. Un exemple typique de lutte pour un point central (ici e5)

Diagramme 135

Les Blancs ont le trait. Le point e5 leur appartient incontestablement. Où l'attaque devra-t-elle être menée ? A droite ? A gauche ? Au centre ?

12. Cf3-g5

Les Blancs commettent l'erreur stratégique de négliger l'importance primordiale du point e5, clé de toute la position. Il ne fallait en aucun cas mener ainsi l'attaque, c'est-à-dire en affaiblissant la position clé e5. Au contraire, il fallait surprotéger cette case. Le jeu correct consistait à rester passif à l'aile-roi et avancer au centre (e3-e4) et à l'aile-dame (b4-a4). Par exemple : 12. 0-0 Fb7 13. b4 ! c4 (et non pas c×b b×c C×b4 ! à cause de Fg5 qui gagne une pièce, on nous menace d'autres maux semblables). 14. Fc2 Dd7 15. a4-a6 ! (si 15. ... 0-0-0 16. a5 b×a 17. b5 ! avec une attaque gagnante) 16. e4 ! 0-0-0 17. Fe3 Re7 18. a5 ! avec une attaque décisive.

12. ... Dd8-c7 !
13. Fd3×h7 Tg8-h8
14. Fh7-c2 Fc8-b7 ?

Ici, les Noirs auraient dû tenter de conquérir le point e5, malgré les dangers que cela représentait ; donc

Diagramme 136

Les Noirs ont le trait. Comment vont-ils punir les négligences blanches au centre ? (cf. les derniers coups blancs)

jouer simplement 14. ... Cc6×e5 ! Ils auraient obtenu ainsi un jeu très satisfaisant, voire meilleur. Par exemple, 14. ... C×e5 ! 15. Dg3 f6 16. Cf3 C×f3 + 17. D×f3 e5 ! 18. D×d5 ? Fb7 19. Fa4 + Re7 et les Noirs gagnent une pièce. Ou bien (14. ... C×e5) 15. Fa4 + Re7 ! avec la menace Cd3 + ; par contre, la réponse 15. ... Fd7 serait mauvaise puisque les Blancs obtiendraient pour leur pièce trois pions et une forte attaque : 16. F×d7 + Cf×d7 17. C×e6 ! f×e 18. D×e6 + Rd8 19. Dd5.

Mais, répétons que par 14. ... C×e5 15. Fa4 + Re7, les Noirs auraient obtenu un très beau jeu. On peut ainsi parfaitement analyser les événements stratégiques de cette partie 5. ... b6 ne faisait rien pour le centre : en conséquence, les Blancs devinrent les maîtres (= Ce5). Mais, au douzième coup, ils négligèrent le point clé e5, ce qui aurait pu les conduire, si leur adversaire avait joué correctement, à la perte de tout avantage. On voit combien la stratégie centrale est dominante.

15. Cg5-f3 g7-g6
16. Ff4-g5 ?

A peine s'est-il tiré avec bonheur des problèmes du centre, voilà que le joueur qui a les Blancs, en veine de combinaison, sacrifie à nouveau son atout positionnel majeur : le point e5. Les surprotecteurs Cf3 et Ff4 auraient dû rester en place. Il fallait s'en tenir à la manœuvre indiquée dans notre commentaire au douzième coup noir.

16. ... Cc6×e5

Enfin un peu de courage !

17. Cf3×e5 Dc7×e5

18. h2-h4 ...

Les Blancs devaient tenter absolument de reconquérir le point e5 : 18. Ff4 ! et si 18. ... Dh5, 19. Dg3 f7-f6 20. Fd6 et les Noirs ont beaucoup de mal à consolider leur position qui est menacée de toutes parts.

Après le coup du texte, par contre, les Noirs n'ont plus aucun problème.

18. ... b6-b5

Cela ne signifie pas seulement une perte de temps, mais cela affaiblit aussi le pion c5 et permet le coup a2-a4. Le bon coup était 18. ... Cd7 et si 19. Fa4 alors f6 20. Ff4 De4 ! 21. Fb5-g5 ou encore 21. ... 0-0-0 et les Noirs sont bien.

19. 0-0 Cf8-h7
20. Fg5-f4 De5-h5
21. Dg4 × h5 g6 × h5
22. a2-a4 ...

Diagramme 137

Les Blancs doivent et peuvent reconquérir le point e5. Comment ?

La suite est menée avec beaucoup d'esprit par M. Berndtsson !

22. ... Fb7-c6
23. Ff4-e5 f7-f6
24. Fc5-d6 b5 × a4

Si 24. ... c4, a × b F × b5 Ta5 suivi de Fa4 avec un jeu très fort sur la colonne a.

25. Fd6 × c5 Re8-d7
26. Fc2 × a4 a7-a6
27. Fa4 × c6 + Rd7 × c6
28. Ta1-a5 ! Th8-b8
29. Fc5-b4 ! ...

Libérant la voie d'attaque a5-h5 !

29. ... Tb8-b5
30. Tf1-a1 Tb5 × a5
31. Ta1 × a5 Rc6-b6
32. e3-e4 Ta8-d8
33. e4 × d5 e6 × d5
34. c3-c4 d5 × c4
35. Ta5 × h5 Td8-d7

Les Blancs ont atteint leur but : on ne peut plus rien contre leurs pions passés.

36. g2-g4 Td7-g7
37. f2-f3 Rb6-b7
38. Rg1-f2 gagne

(38. ... Tf7 39. Tc5 Cf8 40. T × c4 Cg6 41. h5 Ce5 42. Td4 Cc6 43. Te4 f5 44. Tf4 Ce5 45. T × f5 T × f5 46. g × f abandon).

Cette partie très amusante et imaginative, malgré toutes ses négligences, nous a donné l'occasion de souligner le problème du centre. Le cinquième coup noir avait révélé une inattention à l'égard du centre. Le douzième coup blanc nous a montré une sous-protection du centre, ainsi qu'un virage de bord erroné du centre vers les ailes. Le quatorzième coup noir sous-estime l'importance du point clé e5 (sinon les Noirs auraient joué 14. ... C × e5). Et, finalement, nos remarques à propos du dix-huitième coup sont un exemple instructif pour l'occupation du centre. La morale de cette histoire ?

1. **Surveillez le centre !**
2. **Surprotégez !**
3. **Ne virez pas de bord précipitamment !**
4. **Lorsque les pions ne sont plus là (e5), il faut occuper les cases ! (= les pièces sont des bloqueurs de rechange pour les pions de la chaîne. Cf. La chaîne de pions).**

6. Le fil conducteur de la véritable stratégie

C'est la surprotection volontaire du centre (au lieu de la trop fréquente et tentante sous-estimation du centre) et l'utilisation systématique du stratagème de la centralisation des forces. Le jeu central dans son opposition au jeu sur l'aile est traité plus à fond : le joueur « centriste » mérite la victoire

Dans la partie précédente, particulièrement caractéristique, nous avons vu comment le « virage de bord » et la « non considération des cases clés au centre » qui est son corollaire, menaient à un jeu curieux. Ce « virage de bord » apparaît aussi parfois dans des parties de maître (nous rappelons pour mémoire la partie Opocensky-Nimzowitsch, Marienbad, t. I). Dans la position du diagramme 138, voici ce qui arriva : **13. Ce2? Ch5 14. Dd2 g6 15. g4-Cg7 16. Cg3-c6!** Le « virage de bord » accompli par les Blancs a bouleversé la situation à tel point que les Noirs qui sont encore très à l'étroit à l'aile-dame peuvent y entamer une attaque.

Ce qui est et reste pourtant caractéristique des parties de maître c'est la centralisation, et le très doué maître tchèque Opocensky n'y fait pas exception. Il est connu qu'Alekhine use avec prédilection de cette stratégie, et elle est devenue (avec le

Diagramme 138

Les Blancs jouent le Cc3, qui avait pour tâche d'observer c7-c6, et l'amènent à l'aile-roi. Encore un exemple de déplacement « déplacé »

jeu contre les cases adverses de certaines couleurs) le fil conducteur de toutes ses parties. Même quand il semble avoir le couteau sous la gorge à l'aile-roi, il trouve encore le temps d'amener des troupes au centre. Que celui qui désire progresser le prenne pour exemple ! Dans notre partie jouée à Semmering en 1926, Alekhine qui avait les Noirs eut un jeu resserré après **1. e2-e4 Cg8-f6 2. Cb1-c3 d7-d5 3. e4-e5 Cf6-d7 4. f2-f4 e7-e6 5. Cg1-f3 c7-c5 6. g2-g3 Cb8-c6 7. Ff1-g2 Ff8-e7 8. 0-0 0-0 9. d2-d3 Cd7-b6** car il avait oublié de jouer 9. ... f7-f6 ! La suite fut 10. Cc3-e2 d5-d4 11. g3-g4 (prélude à une violente attaque) f7-f6 12. e5 × f6 g7 × f6 (pour éviter la centralisation du Cavalier blanc par e2-g3-e4) 13. Ce2-g3 Cb6-d5 14. Dd1-e2 Fe7-d6! 15. Cf3-h4 Cc6-e7! 16. Fc1-d2 Dd8-c7 17. De2-f2 et maintenant va se révéler toute la force interne de la position noire centralisée par le coup surprenant 17. ... c5-c4! 18. d3 × c4 Cd5-e3! et Alekhine égalise.

Diagramme 139

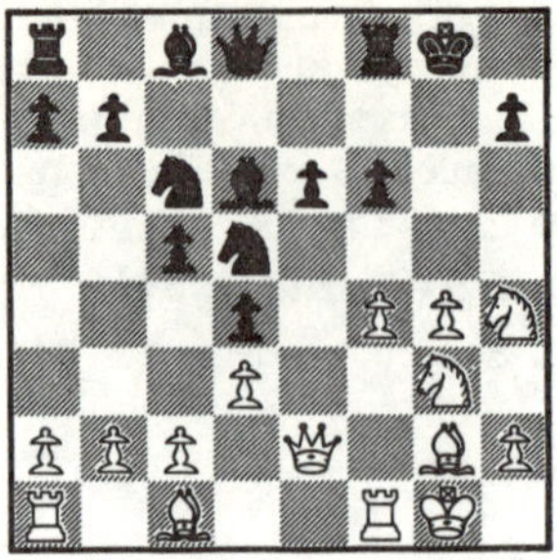

Nimzowitsch-Alekhine (Semmering 1926)

Les pions g4 et Ch4 séparés du reste des troupes témoignent d'une diversion blanche. Du point de vue de la centralisation, le Cg3 (qui louche un peu vers h5) a bonne conscience. Les Noirs, en revanche, ont un beau centre (pion d4 et Cd5) qu'ils vont s'employer à mettre en valeur dans la suite de la partie

Je suis également un partisan de la centralisation, tant du point de vue de la théorie que de la pratique. Qu'on considère ma partie contre Yates à Semmering en 1926 : **1. e4-e6** (j'ai les Noirs) **2. d4-d5 3. Cc3-Fb4 4. e × d e × d 5. Fd3 Ce7 6. Ce2 0-0 7. 0-0 Fg4 8. f3-Fh5 9. Cf4-Fg6 10. Ce2-Fd6 11. De1.** Pour jouer de façon centralisatrice, il fallait jouer ici F × g6 suivi de Cd3, les points c5 et e5 restant alors durablement sous contrôle. **11. ... c5! 12. d × c F × c5 + 13. Rh1 Cbc6 14. Fd2-Te8 15. Cf × g6 h × g!** (procurant une case centrale en f5) **16. f4** (le cours normal des événements consistait à jouer 16. Dh4 Cf5 17. D × D Ta × D et les Noirs ont un très léger avantage en finale) **16. ... Cf5 17. c3 d4! 18. c4 Db6 19. Tf3 Fb4** (pour faire le vide sur la case centrale e3) **20. a3 F × d2 21. D × d2 a5** (= handicap) **22. Cg1 Te3 23. Df2 Tae8 24. Td1 Db3! 25. Td2 Cd6 26. c5 Cc4! 27. F × c4 D × c4** (le pion c5 est faible, le bloqueur d3 a été mis à l'écart et le centre pèse encore plus qu'auparavant sur le jeu des Blancs) **28. Tc2 Dd5! 29. Tc1 De4!** La centralisation est à présent achevée : Yates sacrifia un pion (par 30. f5) pour se soustraire à la pression sans cesse grandissante sur la colonne e et perdit en finale après les coups **30. ... T × f3 31. C × f3 D × f5.**

On trouve à foison des exemples éclatants de centralisation dans les parties de maîtres. Citons : Alekhine-Treybal (Baden-Baden 1925) et Nimzowitsch-Spielmann (San Sebastian 1912) (diagramme 140).

Diagramme 140

Yates-Nimzowitsch (Semmering 1926)

Les Noirs qui possèdent la colonne ouverte au centre, le pion d4 et surtout une Dame fortement centralisée en e4 peuvent prétendre avoir un jeu très centralisé.

Et maintenant, passons à l'analyse du conflit entre un jeu central et un jeu à l'aile. La partie Nimzowitsch-Alekhine (diagramme 139) nous donne un exemple de la tournure des événements dans ce cas-là.

Naturellement le « joueur centriste » a les meilleures chances, tout particulièrement dans les types de positions suivantes : l'un des deux partenaires a entamé une opération de diversion très prometteuse à l'aile-roi ; tout irait parfaitement bien, mais l'adversaire possède une colonne ouverte au centre et cela causera toujours, avec une surprenante régularité, la ruine de l'attaque à l'aile. Plus étonnant encore que cette régularité, est le fait que l'attaque de diversion (entreprise dans les conditions difficiles que nous avons décrites plus haut) gagne sans cesse de nouveaux adeptes. Et tous payent leur tribut à l'irréfutable vérité, sous la forme d'échecs cuisants. L'irréfutable vérité, la voici : la colonne ouverte au centre gagne contre une attaque à l'aile. L'auteur de ce livre lui-même dut payer ce tribut (qui n'était rien moins en l'occurence que la perte de la première place du tournoi de San Sebastian en 1912. Je perdis la partie décisive contre Rubinstein et dus me contenter du 2e-3e prix.)

Donnons tout d'abord un schéma type (diagramme 141) de la situation que nous venons de décrire. L'attaque noire échouera nécessaire-

Diagramme 141

Schéma de la lutte : colonne ouverte au centre contre-attaque à l'aile (attaquant Cf4)

ment du fait que les Tours noires ont la désagréable tâche de protéger leur base (ici la septième et la huitième traverses) d'une invasion par les Tours blanches qui sont prêtes au combat. De plus, e5 est insuffisamment protégé (ce qui n'est pas l'effet d'un hasard, mais de la bonne centralisation d'ensemble des pièces blanches, en particulier du Cf3 qui fait pression sur e5). Comme toutes ces conditions sont très importantes en ce qui concerne les problèmes du centre, nous donnons ci-après une partie complète en exemple.

Diagramme 142

Les Blancs (Rubinstein) jouent avec précision au centre et mettent en évidence la faiblesse de l'attaque de diversion noire. Comment ?

Blancs : Rubinstein ; *Noirs :* Nimzowitsch, San Sebastian 1912. **1. d4 Cf6 2. c4 d6 3. Cf3 Cd7 4. Cc3 e5 5. e4 Fe7** (développer ce Fou en fianchetto était aussi parfaitement possible : g6, puis Fg7) **6. Fe2 0-0 7. 0-0 Te8 8. Dc2 Ff8 9. b3-c6** (comme Lasker le déclare à juste titre dans un article du journal *B.Z. am Mittag,* g6 suivi de Fg7 puis e×d4 et Ce5 était une bien meilleure suite) **10. Fb2 Ch5?** (la « diversion » qui allait me coûter la bagatelle de 2 500 F et le premier prix!) **11. g3-Cb8 12. Ta d1** (apparition de la colonne ouverte centrale) **12. ... Df6 13. Cb1! Fh3 14. Tfe1 Cf4** (j'avais vu, lorsque je jouais Ch5, que de toute façon j'arriverais à placer mon Cavalier en f4. Hélas ! d'ailleurs, car si cela n'avait pas été, j'aurais résisté à la tentation d'entamer pareille diversion) (diagramme 142). **15. d×e d×e 16. C×e5! T×e5 17. Ff1** (17. F×e5 C×e2 + 18. D×e2 D×e5 19. Td8 [la colonne centrale !] donnait également l'avantage aux Blancs) **17. ... Cd7 18. Dd2** (tous les « diversionnistes » noirs sont maintenant « en l'air ») **18. ... F×f1 19. T×f1 Ch3 + 20. Rg2 Cg5** (avec une menace de mat en deux coups) **21. f4 Dg6 22. f×g T×e4?** 22. ... D×e4 + 23. Rh3 Te7 perdait une pièce à cause de Tde1 22. ... Te7 était encore, relativement, le meilleur coup à jouer. Les Blancs gagnaient cependant aussi par 23. Fa3! c5! (et non pas 23. ... De4 + à cause de 24. Rg1 c5 25. Tfe1, etc.) 24. Cc3 car après le coup forcé c6-c5, le Cavalier noir n'a plus la possibilité de venir en c5. Par contre, d5 est libre pour les manœuvres blanches. **23. D×d7 Te2 + 24. Tf2** et les Blancs gagnèrent.

Ce fut la plus sévère défaite de mes vingt-deux années de carrière échiquéenne. A la fin du premier chapitre, on verra une autre partie du même genre : Klein-Capablanca.

7. L'abandon du centre

Déjà, en 1911 et 1912, j'avais publié quelques commentaires de parties, dans lesquels je défendais une conception totalement neuve : le centre ne devait pas être nécessairement occupé par des pions ; des pièces placées au centre ou même des colonnes dirigées vers le centre, pouvaient remplacer les pions. L'essentiel était d'arriver à handicaper les pions centraux adverses. J'envoyais cette idée sous la forme d'un article au journal suédois *Sydsvenska Dagbladet Snällposten* (rédacteur : Lindström en 1913) et à G. Marco. Le journal suédois publia immédiatement l'article en question, le journal viennois, par contre, le fit paraître avec beaucoup de retard (en 1923 seulement). Voici la note de la rédaction de la *Neuen Wiener Schachzeitung* qui expliquait ce retard : « Cet article était destiné à être publié dans la *Wiener Schachzeitung,* qui dut arrêter sa publication à cause de la guerre. Le maître Marco ne fait que nous le prêter et nous le publions avec d'autant plus de plaisir qu'il est aujourd'hui, à l'époque de l'école néo-romantique, de la plus grande actualité. Voici cet article :

L' « abandon* du centre » – un préjugé

A propos de la variante 3. ... d5 × e4,
par A. Nimzowitsch

Lorsque les Noirs jouent 3. ... d5 × e4 dans la variante très controversée 1. e4-e6 2. d4-d5 3. Cb1-c3, ils abandonnent, de l'avis courant, le centre. Une telle conception paraît reposer sur une compréhension erronée et incomplète du concept de « centre ». Dans ce qui suit, nous essayerons :

1) de préciser la nature de ce préjugé ;

2) de mettre à jour son développement historique.

Tout d'abord, définissons le concept de « centre ».

Pour cela, il suffit de s'en tenir au terme même : le centre est constitué par les cases qui se trouvent au milieu de l'échiquier ; **les cases** et non pas les pions ! Ceci est essentiel et ne doit en aucun cas être oublié.

---

* Jeux de mots sur *Aufgabe* = devoir = abandon (NDT).

La signification du centre, c'est-à-dire de l'ensemble des cases situées au centre de l'échiquier est incontestablement primordiale comme base de départ pour des opérations ultérieures. Rappelons un commentaire de E. Lasker à ce propos : « les Blancs ne sont pas assez bien au centre pour pouvoir opérer à l'aile ». Voilà qui est puissamment raisonné et illustre tout à la fois la profonde liaison entre le centre et les ailes : le centre comme principe dominant, l'aile comme principe subordonné.

Le contrôle du centre ayant une grande signification, il apparaît clairement qu'une installation au centre nous permettra d'évoluer sur les deux ailes, éventuellement même de « virer de bord ».

Une bonne position « en général » est impensable sans une bonne position au centre.

Nous avons parlé d'un « contrôle du centre ». Qu'entendons-nous par là ? Comment se manifeste-t-il ?

Voici l'opinion courante : le centre doit être occupé par des pions : e4 et d4 est l'idéal, mais un seul de ces pions suffit à la possession du centre si le pion adverse correspondant manque. En est-il vraiment ainsi ? Le pion d4 autorise-t-il à parler de possession du centre dans le diagramme I (resp. e4 diagramme II) ? Imaginons une bataille dans laquelle il s'agirait de conquérir un terrain placé au centre et non défendu : si je m'empare avec une poignée de soldats du terrain convoité, sans avoir le moins du monde empêché le feu roulant ad-

I

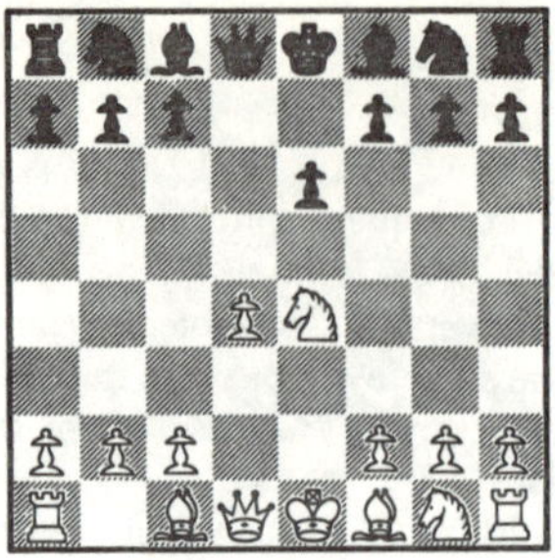

II

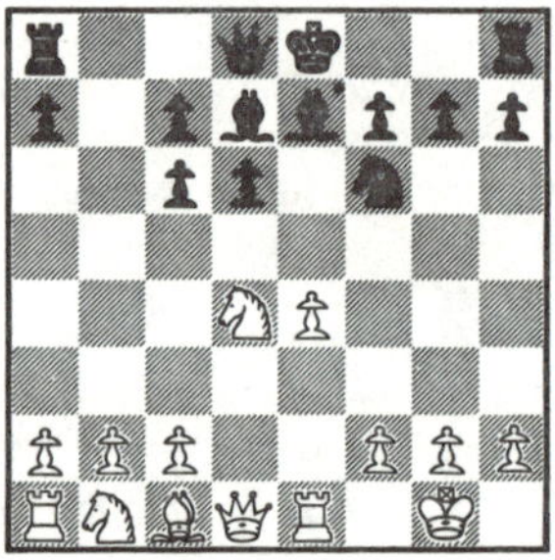

verse de mitrailler le terrain en question, puis-je vraiment parler d'une conquête de ce terrain ? Bien sûr que non ! Eh bien, il en va de même dans une partie d'échecs.

Ainsi, commence-t-on à comprendre de quoi il s'agit en vérité. Non seulement d'une occupation par des pions, mais bien plus de l'efficience que peut déployer le centre. Cette efficience est déterminée par de tout autres facteurs.

J'ai formulé ainsi cette pensée : la disparition d'un pion au centre (par exemple d5 × e4 diagramme I) ne signifie pas (il s'en faut de beaucoup) l'abandon du centre. Le concept de centre est bien plus large.

Sans doute, les pions sont-ils particulièrement indiqués pour édifier un centre, puisqu'ils sont d'une grande stabilité. Mais des pièces placées au centre peuvent très bien remplacer des pions. De même, une pression exercée en direction du centre (par des Tours ou des Fous par exemple) peut avoir une signification déterminante.

C'est justement ce dernier cas que nous rencontrons dans la variante 3. ... d5 × e4. Ce coup qu'on considère à tort comme un abandon du centre accroît en vérité notablement l'activité des Noirs au centre. En effet, la mise à l'écart du verrou d5 (par d5 × e4) ouvre aux Noirs la colonne d et la diagonale b7-h1 (par b7-b6 et Fb7).

Le verrou ! Voilà le revers de la médaille lorsqu'on occupe le centre avec des pions. Un pion est par essence même (stabilité = conservatisme) un bon bâtisseur de centre, mais aussi malheureusement un verrou.

De nombreux exemples nous révèlent que l'activité au centre est totalement indépendante du nombre de pions qui l'occupent. Citons quelques-uns de ces exemples : pièces au centre :

1. e6 et d5 bloqués par des Cavaliers blancs en e5 et d4 par exemple diagramme III : Nimzowitsch - Löwenfisch, Karlsbad 1911 :

III

2. la paire de pions isolés d5 et c6, résultat de l'échange d'un Cavalier sur c6 (le pion d5 étant jusqu'alors isolé, diagramme IV).

IV

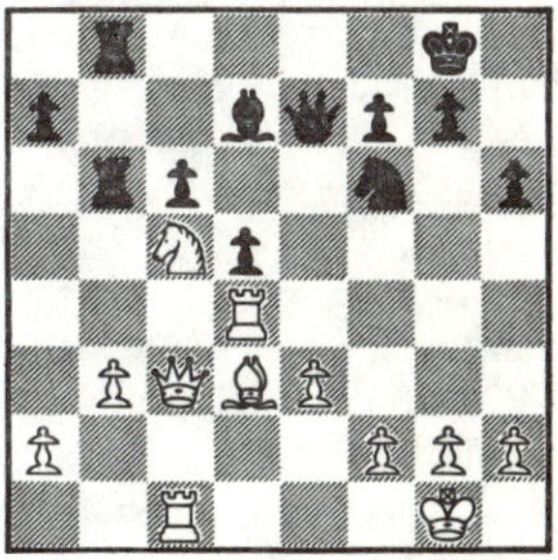

Ces deux cas mettent en jeu un blocage. Mais ce concept est très extensible et souvent une légère fixation, exercée par une Tour qui fait pression et n'empêche pour le moment que l'avance du centre adverse, peut être l'introduction d'une paralysie générale qui atteindra son point culminant dans un arrêt mécanique.

Les cas d'une pression contre le centre adverse sont innombrables (cf. diagramme II). Ils conduisent soit à un blocage suivi d'un anéantissement (car seul le mouvement est vie) soit à une position inconfortable des pièces qui défendent, ce qui mènera le « bienheureux possesseur » du centre... à sa perte.

Ceci nous apprend que la comptabilité des pions centraux ne nous avance à rien du tout. Et faire d'une telle comptabilité le mot dernier de notre philosophie du centre, serait une très lourde erreur. Ce ne sont là que reliques de la préhistoire du jeu positionnel.

Je suis convaincu que dans un très petit nombre d'années, plus personne ne considérera d4 × e4 comme un abandon du centre. Après la disparition de ce préjugé, la route sera ouverte pour un nouveau et brillant développement de la stratégie et de la philosophie échiquéenne.

Un mot encore à propos de l'apparition de ce préjugé : elle est étroitement liée à l'histoire du jeu positionnel...

Tout d'abord, il y eut Steinitz. Ce qu'il disait était tellement inhabituel, et, lui-même était à tel point hors du commun, que ses « principes modernes » ne purent devenir populaires. Puis, arriva Tarrasch qui, faisant siennes les idées de Steinitz, les transmit au grand public sous une forme allégée et plus attrayante.

Regardons les choses en face : Steinitz était puissant et profond et c'est à propos du centre que cette puissance et cette profondeur étaient les plus grandes. Prenons pour exemple sa défense espagnole (d7-d6) où il parvint avec un art consommé à faire du pion blanc e4, apparemment si solide, une faiblesse sensible à tous. Cela est du grand art !

Rien ne lui était plus étranger qu'une conception arithmétique (= comptable) et formelle du centre.

Voilà ce qu'il en est de cet article qui comprenait encore quelques parties d'illustration auxquelles nous renonçons ici, faute de place. Nos gentils lecteurs se reporteront au chapitre sur la chaîne de pions et à la partie n° 26. Ainsi, nous prenons momentanément congé du centre, mais nous y reviendrons par la suite, chaque fois que nous aurons l'occasion de reparler de ce problème crucial.

Parties illustrant le premier chapitre

Partie n° 25

Illustre l'idée
de la « mobilité d'ensemble »
et touche au problème
de la prophylaxie

Blancs : NIMZOWITSCH
Noirs : Dr MICHEL

Jouée à Semmering en 1926

1. Cg1-f3 d7-d5
2. b2-b3 Cg8-f6
3. Fc1-b2 c7-c5
4. e2-e3 e7-e6

Une nouveauté. Les Noirs évitent le développement du Cavalier sur c6 à cause du clouage Fb5.

5. Cf3-e5 Cb8-d7
6. Ff1-b5 a7-a6 ?

Ff8-d6 était meilleur ; d'abord, du point de vue du développement et ensuite parce que les Blancs menacent de devenir très puissants sur la diagonale b2-g7 (cherchant à s'appuyer sur l'avant-poste e5). La prophylaxie s'imposait donc, par exemple 6. ... Fd6 ! 7. C × d7 F × d7 8. F × d7 + D × d7 9. F × f6 g × f et le pion double a ses avantages et ses inconvénients (cf. deuxième chapitre sur le pion double). D'autre part, 6. ... Fe7 nous paraît meilleur que le coup du texte (a6).

7. Fb5 × d7 + Cf6 × d7
8. Ce5 × d7 Fc8 × d7
9. 0-0 f7-f6

Reconnaissant la faiblesse de la diagonale b2-g7, 9. ... Fd6 entrait en ligne de compte, par exemple 9. ... Fd6 10. Dg4 Dc7, suivi de 0-0-0.

10. c2-c4 d5 × c4

La menace était c4 × d5 e6 × d5 Dh5 + suivi de D × d5.

11. b3 × c4 Ff8-d6
12. Dd1-h5 + g7-g6
13. Dh5-h6 Fd6-f8
14. Dh6-h3 ! ...

Difficile à trouver, c'est la meilleure case pour la Dame. e6-e5 abandonnerait d5. Par exemple 14. ... e6-e5 15. Dg3 (menaçant F × e5) Fg7 16. e3-e4 suivi de d2-d3 et Cb1-c3-d5 avec avantage positionnel aux Blancs.

14. ... Ff8-e7
15. Cb1-c3 0-0
16. a2-a4 ! ...

Les Blancs vont sacrifier l'activité de leur pion d en voulant amener la structure e4-f4. Le pion d sera alors arriéré. Mais, pour réaliser ce plan, il faut d'abord paralyser les trois pions noirs à l'aile-dame. D'où le coup du texte.

16. ... Fe7-d6
17. f2-f4 Dd8-e7
18. e3-e4 Fd7-c6
19. g2-g4 ...

Une valse de pions pratiquement irrésistible.

19. ... f6-f5

Si les Noirs restent tranquilles, les Blancs ont le choix entre une attaque directe de l'aile-roi et l'attaque du pion c5 : voici à peu près de quelle façon : 19. ... Tae8 20. Dhe3 puis a4-a5, suivi de Fb2-a3 et finalement le Fou de couverture en d6 est chassé par e4-e5. Après le coup du texte (19. ... f6-f5) la partie est perdue : l'attaque de mat est imparable.

20. g4 × f5 e6 × f5

Ou g6 × f5 21. Rf2, etc.

21. e4-e5 ...

Nous dédions aux amateurs de combinaisons la variante suivante : 21. Cd5 (au lieu de e4-e5 comme dans la partie) De7 × e4 22. Tae1 D × c4 23. Ce7 + F × e7 24. T × e7 Tf7 25. T × T D × f7 26. Dc3 Rf8 ! et les Noirs ont encore suffisamment de ressources.

21. ... Fd6-c7
22. Cc3-d5 Fc6 × d5

Si les Noirs avaient reculé, au vingt et unième coup, leur Fou en b8, ils auraient maintenant la possibilité de répondre à l'invasion Cd5 par De6 ; mais cela n'aurait de toute façon servi à rien : 21. ... Fd6-b8 22. Cd5 De6 23. Cf6 + T × f6 24. e × f6 De4 (la contrechance) 25. f6-f7 + et les Blancs gagnent après R × f7 par 26. D × h7 + Rf8 27. Dg7 + Re8 28. Te1, etc.

23. c4 × d5 De7-d7
24. e5-e6 Abandon

Parce que après 24. ... D × d5, Dh6 force le mat ou la perte d'une Tour et après 24. ... De7 c'est au tour de la Dame blanche de devenir terrible.

***

L'abandon du centre

La partie qui suit montre avec quelle rapidité un abandon prématuré du centre peut conduire à la débâcle. Cependant, une telle conduite nous semble parfaitement applicable, mais avec des restrictions : il ne faut pas se laisser entraîner d'emblée sur une pente dangereuse (ce qui arrive souvent dans ce genre de jeux), mais pour s'affirmer, il faut jeter dans la balance toute sa ténacité (pour autant qu'on en ait), moyennant quoi, l'avenir sera beau. Qu'on se reporte à la partie gagnée par Rubinstein (San Sebastian 1911) et à la partie n° 27.

Voyons maintenant la partie n° 26.

Partie n° 26

Blancs : Dr TARRASCH
Noirs : J. MIESES

Jouée en 1916 à Berlin

1. e2-e4 e7-e6
2. d2-d4 d7-d5
3. Cb1-c3 d5 × e4

Abandonnant le centre mais ouvrant la colonne d et la diagonale b7-h1 pour faire pression sur le centre blanc.

4. Cc3 × e4 Cb8-d7
5. Cg1-f3 Cg8-f6

6. Ff1-d3 Cf6 × e4

b6 était plus solide, mais le coup du texte est jouable.

7. Fd3 × e4 Cd7-f6
8. Fe4-d3 ...

Si 8. Fg5 Fe7 9. F × f6, la meilleure réponse est g7 × f6.

8. ... b7-b6
9. Fc1-g5 Fc8-b7
10. 0-0 Ff8-e7
11. Dd1-e2 0-0
12. Ta1-d1 h7-h6 ?

La ténacité a fait défaut. Pourquoi pas Dd5 ? Si 13. c4, Da5 suivi éventuellement de Tad8 et d'une pression sensible. Toutefois, si 14. d5, alors Tae8 ! avec de fortes contre-menaces, par exemple 15. d × e6 ? F × f3 suivi de D × g5. La raison pour laquelle le contact de d5 est miraculeux est évidente : le point d5 est d'abord un avant-poste sur la colonne d, ensuite un avant-poste sur la diagonale b7-h1 et, enfin, d5 est de plus une case de blocage. La valeur stratégique incroyablement grande du point d5 nous explique pourquoi son simple contact peut provoquer de véritables prodiges.

13. Fg5-f4 Dd8-d5

Ce coup est mauvais, maintenant que c7 est en l'air. La pente dangereuse entre en jeu.

14. c2-c4 Dd5-a5
15. Ff4 × c7 Fb7 × f3

On pouvait envisager 15. ... Tac8 16. Fe5 Tfd8 et la majorité de pions blanche a beaucoup de mal à progresser.

16. g2 × f3 ! Da5 × a2 ?

Les Noirs ne veulent pas admettre la perte d'un pion et cherchent des compensations de façon aventureuse. Résultat : ils perdent la Dame. Une défense était encore possible par 16. ... Tfc8 17. Fe5 Cd7 ! (tenant compte de la menace Rh1, suivie de Tg1). Si 18. Fe4 alors C × e5, 19. F × a8 Cg6 ! et les Noirs menacent de jouer Cf4, éventuellement suivi de Fd6 et Dh5.

17. Td1-a1 Da2-b3
18. Fd3-c2 Db3-b4
19. Ta1-a4 Abandon

Une jolie capture de Dame.

Dans une situation semblable à celle de la partie précédente, Tartakower va faire du point d5 négligé par Mieses, la base d'une attaque menée avec une virtuosité remarquable.

Partie n° 27

Blancs : GRÜNFELD
Noirs : Dr TARTAKOWER

Jouée à Semmering en 1926

1. d2-d4 d7-d5
2. c2-c4 d5 × c4
3. Cg1-f3 Fc8-g4
4. Cf3-e5 Fg4-h5
5. Ce5 × c4 ...

Après 5. Cc3, la meilleure réponse est 5. ... Cd7, sur quoi le farouche Cavalier en e5 se voit obligé de prendre une décision.

5. ... e7-e6

6. Dd1-b3 ...

Menaçant 7. D×b7 et 7. Db5 simultanément.

6. ... Cb8-c6
7. e2-e3 Ta8-b8

La Tour n'a pas honte du tout de se consacrer à la protection d'un modeste pion.

8. Cb1-c3 Cg8-f6
9. Ff1-e2 Fh5×e2
10. Cc3×e2 Ff8-b4+
11. Ce2-c3 0-0

Le développement achevé de part et d'autre, les jeux sont à peu près égaux, mais le centre blanc (par ailleurs bien protégé) présente des signes d'immobilité inquiétants. Mais *Mon système* enseigne que chaque groupe de pièces immobile dégénère en faiblesse. La suite va rapidement vérifier le bien-fondé de cette affirmation.

12. 0-0 Cf6-d5 !

Se sentant en d5 comme chez soi, puisque e3-e4 est impossible à cause de C×d4.

13. Cc3×d5 ...

13. Ce4 entraînerait la mobilisation de l'aile-dame noire 13. ... b5 14. Ce5 C×e5 15. d×e c5 16. a3 c4, etc., ou encore 14. Ccd2 e5 !, etc., avec ébranlement du jeu Blanc.

13. ... Dd8×d5 !
14. Db3-c2 e6-e5 !
15. Cc4×e5 Cc6×e5
16. d4×e5 Dd5×e5
17. Fc1-d2 Fb4×d2
18. Dc2×d2 Tf8-d8
19. Dd2-c2 Td8-d5 !

Remarquable mise en valeur du point d5.

20. Ta1-d1 Tb8-d8
21. Td1×d5 Td8×d5
22. Tf1-d1 g7-g6
23. Td1×d5 De5×d5
24. a2-a3 c7-c5

Les Noirs ont un avantage indéniable en finale :

- la majorité de pions à l'aile-dame ;
- la colonne d ;
- la Dame centralisée.

Mais l'avantage est encore trop faible.

25. h2-h3 b7-b5
26. f2-f4 c5-c4
27. Dc2-c3 Dd5-e4 !

La centralisation devient de plus en plus forte. La majorité de pions blanche était beaucoup plus difficile à mettre en valeur que la noire (si 26. f3, par exemple) alors f5 et e4 se trouvent en situation difficile ; ceci explique la perte.

28. Rg1-f2 a7-a5 !

Toute la fin de partie est jouée par Tartakower avec une remarquable précision et une finesse artistique qui force l'admiration. Tartakower est, à mon avis, le troisième joueur de finale parmi tous les maîtres vivants.

29. g2-g4 h7-h6
30. h3-h4 De4-h1 !

C'est maintenant seulement (et cette lenteur est tout à son honneur) que la position centrale est abandonnée pour une diversion.

31. Rf2-g3 Dh1-g1+
32. Rg3-f3 Dg1-h2 !
33. g4-g5 h6-h5
34. Rf3-e4 Dh2×h4
35. Dc3×a5 Dh4-h1+

36. Re4-e5	**Dh1-c6 !**

Pour répondre à 37. De1 par la manœuvre suivante : Dc5 + 38. Re4 Df5 + suivi de Dc2 et gagne.

37. Da5-a7	**h5-h4**
38. f4-f5	**...**

Les Blancs tirent leurs dernières cartouches.

38. ...	**g6 × f5**
39. Re5 × f5	**Dc6-f3 +**
40. Rf5-e5	**h4-h3**
41. Re5-d4	**Df3-g4 +**
42. Abandon	

Partie n° 28

Illustre le stratagème de la « colonne centrale contre l'attaque de l'aile »

Blancs : KLINE
Noirs : CAPABLANCA
New York 1913

1. d2-d4	**Cg8-f6**
2. Cg1-f3	**d7-d6**
3. c2-c3	**Cb8-d7**
4. Fc1-f4	**c7-c6**
5. Dd1-c2	**Dd8-c7**
6. e2-e4	**e7-e5**
7. Ff4-g3	**Ff8-e7**

Les Blancs ont une position d'attaque au centre. Cela est nécessairement un avantage. Mais la faiblesse e4 (on va bientôt voir pourquoi e4 est faible) va bientôt faire disparaître cet avantage, puisque les Blancs vont être forcés de jouer d4 × e5 (coup égalisateur).

8. Ff1-d3	**0-0**
9. Cb1-d2	**Tf8-e8 !**
10. 0-0	**Cf6-h5**

Pour échanger les Fous.

11. Cd2-c4	**Fe7-f6**
12. Cc4-e3	**Cd7-f8**
13. d4 × e5	**...**

Le Fd3 étant indispensable pour la protection de e4, d4 ne pourrait être autrement protégé contre Ce6 que par l'échange. L'amateur appréciera la façon dont on oblige l'adversaire à se déclarer (d × e ou d4-d5). Dans le chapitre suivant, on examinera plus avant cette façon de jouer.

13. ...	**d6 × e5**
14. Fg3-h4	**Dc7-e7**
15. Fh4 × f6	**De7 × f6 ?**

Ce coup et le suivant sont à l'origine d'une diversion qui va radicalement à l'encontre du sens de l'ouverture. Il fallait jouer Fe6 et doubler les Tours, ce qui exploite la position maladroite du Fd3. Fe6 devait d'ailleurs déjà être joué au quatorzième coup.

16. Cf3-e1	**Ch5-f4 ?**
17. g2-g3	**Cf4-h3 +**
18. Rg1-h1	**h7-h5**
19. Ce3-g2	**g7-g5**
20. f2-f3	**Cf8-g6**
21. Cg2-e3 !	**h5-h4**
22. g3-g4 ??	**...**

L'invasion Cf5 aurait pu emporter la décision pour les Blancs, d'après mes analyses (diagramme 143) par exemple 22. Cf5 h × g 23. h × g F × f5 24. e × f Ce7 25.

Diagramme 143

La retraite est coupée au Cavalier h3 ; les secours envoyés (c'est-à-dire une avance radicale des pions de l'aile-roi) précipitent la fin des Noirs, en donnant le signal d'une invasion au centre (ici Cf5)

Rg2 Rg7 (le sacrifice de pion 25. ... g4 f×g Cg5 est-il meilleur ?) 26. R×h3 Th8 + (ou Cd5 + De2) 27. Rg2 Dh6 28. Rf2 Dh2 + 29. Cg2 Th3 30. Re1 T×g3 31. Ce3. Enfin, le coup 26. Th1 était aussi jouable et menait également au gain des Blancs (confère mes analyses dans le *Journal de Riga).*

22. ... Ch3-f4

Le Cavalier se réjouit de sa liberté retrouvée et les Noirs, après une excursion douteuse, dont l'issue aurait pu être fatale, se reprennent et jouent correctement sur la colonne d, avec une maîtrise qui leur vaut la victoire. Le reste se résume très vite : 23. Tf2 C×d3 24. C×d3 Fe6 25. Td1 Ted8 26. b3 Cf4 27. Cg2 C×d3 28. T×d3 T×d3 29. D×d3 Td8 (pourquoi pas F×g4 ?) 30. De2 h3 31. Ce3 a5 ! 32. Tf1 a4 33. c4 Td4 ! 34. Cc2 Td7 35. Ce3 Dd8 36. Td1 Td1 37. C×d1 Dd4 (colonne d et centralisation) 38. Cf2 b5 ! 39. c×b a×b 40. a×b F×b3 (menaçant Da1 +) 41. C×h3 Fd1 42. Df1 c×b 43. Rg2 b4 44. Db5 b3 45. De8 + Rg7 46. De7 b2 47. C×g5 Fb3 gagne.

Partie n° 29

Illustre l'idée suivante : action sur une colonne contre un centre de pion

Marche à suivre **: 1) Handicaper ; 2) Bloquer ; 3) Anéantir enfin**

Blancs : RUBINSTEIN
Noirs : LÖWENFISCH

1. e2-e4	**e7-e6**
2. d2-d4	**d7-d5**
3. Cb1-c3	**Cg8-f6**
4. Fc1-g5	**Ff8-e7**
5. e4-e5	**Cf6-d7**
6. Fg5 × e7	**Dd8 × e7**
7. Dd1-d2	**0-0**
8. f2-f4	**c7-c5**
9. Cg1-f3	**f7-f6**

Une attaque correcte contre la chaîne de pions exigeait tout d'abord de prendre : 9. ... c×d 10. C×d4 et, seulement après f6. Mais après 10. ... f6 11. e×f D×f6, la position est fort voisine de celle de la partie.

10. e5 × f6	**De7 × f6**
11. g2-g3	**Cb8-c6**
12. 0-0-0	**a7-a6**
13. Ff1-g2	**Cd7-b6**

La voie d'attaque g2-d5 est partie intégrante du plan offensif blanc. Cette voie handicape en effet la poussée libératrice e6-e5 de façon bien plus radicale qu'aucun autre système de jeu.

14. Th1-e1 Cb6-c4
15. Dd2-f2 b7-b5
16. d4 × c5! ...

Bravo ! Ne craignant pas l'attaque à l'aile C × b2, car un jeu à l'aile ne peut jamais détruire un jeu fortement centralisé. Et le jeu blanc est centralisé car il possède des colonnes centrales, dont la pression et la capacité d'handicaper est sensible. De plus, il y a l'espoir de conquérir et d'occuper les cases d4 et e5. On voit comment l'attaque à l'aile est réfutée, au centre.

16. ... Cc4 × b2
17. Rc1 × b2 b5-b4
18. Cf3-d4! b4 × c3 +
19. Rb2-a1 ...

On réserve le pion c3 à une Tour.

19. ... Cc6 × d4

Si Fd7, C × e6 F × e6 T × e6, suivi de F × d5.

20. Df2 × d4 Ta8-b8
21. Te1-e3 g7-g5

On essaye à l'autre aile.

22. Te3 × c3 g5 × f4
23. g3 × f4 Fc8-d7
24. c5-c6 Df6 × d4
25. Td1 × d4 Fd7-e8
26. Fg2-h3 Tf8-f6
27. c6-c7

J'aurais préféré que la décision se fasse au terme d'une finale de Fou (et non pas par un pion passé c7 superflu). Par exemple, *Blancs :* Re5, Fh3, a2 c3 f4 h2 ; *Noirs :* Re7, Ff7, a6 d5 e6 h7. Voilà ce qui doit arriver : f4-f5 e × f F × f5 et les Blancs gagnent le pion d et la partie. Ainsi l'idée qui consiste : 1° à handicaper ; 2° à bloquer ; 3° finalement à anéantir les pions (e6 et d5), aurait été plus manifeste. Mais la partie a quand même été suffisamment intéressante (exemple : les coups 13, 16 et 18 des Blancs).

27. ... Tb8-c8
28. Td4 × d5 Tc8 × c7
29. Fh3 × e6 + Abandon

Pour se familiariser avec le jeu positionnel

(Un petit schéma illustrant le premier chapitre)

1. Il faut réagir contre la fausse conception qui veut que chaque coup ait un effet direct ; les coups d'attente et les coups calmes ont aussi leur raison d'être.

2. L'idée de l'empêchement par des méthodes préventives est essentielle dans le jeu positionnel ! Ainsi, on luttera contre les coups libérateurs adverses et on préviendra une désorganisation interne, en mettant toutes les pièces en contact avec les cases stratégiques importantes.

3. On témoignera un respect sacré pour la stratégie au centre ; on évitera tout changement de direction prématuré vers les ailes (de peur d'une invasion adverse au centre) et on opérera sous le signe du centre.

4. On jouera de façon à obtenir une mobilité d'ensemble de la masse des pions et non pas la mobilité de chaque pion pris individuellement.

5. On s'habituera à traiter la question de la domination du centre comme « une question de handicap » ; mais ce n'est pas le pur décompte arithmétique des pions du centre qui sera déterminant.

6. Ni l'attaque, ni la défense, ne sont caractéristiques d'un jeu positionnel. Seule la consolidation est caractéristique.

2.

Le pion doublé et le handicap

1. Les affinités électives entre le pion doublé et le handicap ; le premier permet la menée à bien des plans de handicap ennemis. Que signifie : souffrir du désavantage d'un pion doublé ? Le concept de faiblesse passive (= statique) et de faiblesse active (= dynamique). Quand la disparition d'un pion doublé ennemi est-elle indiquée ? La (seule) véritable force du pion doublé est analysée plus à fond

Le handicap est aussi possible sans la présence de pions ennemis doublés, mais un véritable handicap total qui se répercute sur de grandes parties de l'échiquier et provoque un début « d'asphyxie » n'est possible que lorsque l'adversaire souffre du désavantage d'un pion doublé. Comment souffre-t-on d'un pion doublé ? Un pion doublé isolé est facile à conquérir en finale, il pose des problèmes de défense difficiles, mais ce n'est pas tout. Le désagrément que nous cause un pion doublé est tout aussi grand lorsqu'il s'agit d'un pion doublé bien entouré, c'est-à-dire facile à protéger (nous appelons « bien entouré » un pion doublé appartenant à une masse de pions) (diagramme 144). On ne peut pas non plus définir ce désavantage par le fait que le pion doublé nous

Diagramme 144

Schéma : après d3-d4, on peut empêcher d4-d5 suivi de c3-c4-c5 par b6, ce qui ne serait pas possible si le pion blanc b était encore là

cause de grandes difficultés pour constituer un pion passé (par exemple : *Blancs* a2-b2 c2-c3 contre *Noirs* a7, b7, c7). En vérité, le désavantage réside en ce que, dans le cas d'une avance de masse, certains symptômes de paralysie deviennent patents. Regardons par exemple le diagramme 144. Si le pion c2 était en b2, la poussée d'ensemble d3-d4-d5 suivie de c3-c4, b2-b4 et c4-c5, serait possible. Dans la position du diagramme 144, le pion b fait précisément défaut et ainsi, la transmission (cf. chaîne de pions) est inopérante : à d3-d4-d5 suivi de c3-c4, les Noirs répondent b7-b6 et le coup c4-c5 s'avère totalement irréalisable. Ce que nous venons d'apprendre à propos de la faiblesse d'un pion doublé « bien entouré » (que nous qualifions de faiblesse active ou faiblesse dynamique) nous permet d'établir la règle suivante : il est avantageux de provoquer une avance de la masse de pions adverses lorsque la capacité d'attaque de celle-ci est diminuée par la présence d'un pion doublé. Ainsi, les Noirs devront s'efforcer, après d3-d4 (diagramme 144), d'inciter l'adversaire à poursuivre son action au centre. Tant que le pion s'obstinera à rester en d4, les inconvénients du pion doublé apparaîtront aussi peu que la claudication chez un boiteux assis. Ce n'est qu'en avançant qu'ils révèlent leur infirmité.

Il nous faut cependant distinguer le concept de faiblesse active de celui de faiblesse passive (= statique). Cette dernière, contrairement à ce qui se passe dans le diagramme 144, sera mise en lumière par une attaque généralisée des pions contre le pion doublé. Imaginons le diagramme 144 avec le pion d3 en d5, le Roi blanc en g1 et une Tour en e2, alors que les Noirs ont un Roi en f8 et une Tour en c8. Ici, la faiblesse statique du pion doublé est très grande : c7-c6 d×c T×c6 ou bien c7-c6 c4 c×d c×d Tc3 suivi de Ta3. Dans les deux cas, les Noirs ont l'avantage ; d'où la règle : dans le cas d'une faiblesse passive des pions doublés, une attaque de ces pions est indiquée, la faiblesse ne risquant pas de disparaître à l'occasion de cette attaque. Le mal ne disparaît en effet qu'à moitié, un de nos deux larrons s'est éclipsé, mais le second est resté en arrière et devra payer la note pour deux.

Regardons à présent le diagramme 145 : les Noirs (l'auteur de ces lignes) laissèrent les Blancs (E. Cohn) jouer, avec l'espoir que le jeu se simplifierait en fin de compte, après quoi, il ne devrait pas être trop

Diagramme 145

L'échange indirect des pions d6 et e4 semble souhaitable pour les Noirs. Comment les Noirs vont-ils y parvenir ?

difficile de tirer avantage des pions doublés adverses en finale. Voici ce qui arriva : **16. ... Dd7 17. De1 Cg6 18. Fd3 Ff6 19. Df2 Fe5** (les Noirs s'appuient sur la solidité du point e5) **20. Tc2 Tf8 21. Rh1 b6 22. Df3 Tae8 23. Tcf2 Ch8 24. Dh5 c6 25. g4 f6,** à ce moment-là Cohn se laissa tenter par une intéressante attaque qui eut cependant pour seul résultat de simplifier le jeu et de faire apparaître la situation désespérée des pions doublés e3 e4 26. c5. Après **26. ... F × f4 27. T × f4 d × c 28. Fc4 + Cf7 29. g5 Te5 30. Tf5 T × f5 31. e × f** le gain est forcé grâce à **31. ... Rh8.** A 32. g6, les Noirs répondraient Ch6 et à 32. F × f7 32. ... D × f7 33. g6 Dd5 + suivi de h6. Les Noirs ont donc eu gain de cause en adoptant une stratégie d'attente. L'attaque à l'aile devait échouer à cause de la colonne centrale ouverte et du point e5 ; la finale est irrémédiablement perdue pour les Blancs (ceci est un exemple de « laissez faire » dans le cas de pions doublés). Le débutant fera bien de s'en inspirer. En fait, dans la position du diagramme 145, l'avance des pions était également possible puisque les pions e3 e4 sont une faiblesse passive.

Voici comment les choses auraient pu se passer (diagramme 145). **16. ... Cd7** (au lieu de Dd7) **17. Ff3 Cf6 18. Dc2-c6 !** Le pion d est « sacrifié » pour obtenir le pion e4 (donc échange d6-e4) (étapes intermédiaires d6-d5, d × e). Après **19. Tcd1 De7,** notre échange a lieu et le pion e3 peut littéralement être exécuté sur place.

Règle principale : des pions doublés « isolés » ou « bien entourés » ou encore des pions doublés qui avancent, doivent être « consultés » (= attaqués par des pions). Par contre, un ensemble de pions doublés ennemis qui n'a pas encore avancé, ne doit pas être consulté avant d'avoir été poussé à l'action ; il faut d'abord le laisser jeter sa gourme.

1*a*. La seule vraie force du pion doublé

Comme nous l'avons vu, une masse de pions « atteinte » de pions doublés présente une certaine faiblesse latente qui devient manifeste lorsqu'il s'agit de mettre en valeur cette masse de pions en l'avançant ; c'est sa « faiblesse dynamique ». Par contre, la masse de pions ainsi décrite se révèle très forte dans l'immobilité (= obstination à ne pas avancer) (par exemple le diagramme 144). Après d3-d4, nous obtenons une position dont il est très difficile de chasser les Blancs. Nous voulons dire que les Noirs n'ont pas les moyens positionnels suffisants pour contraindre leur adversaire à une décision comme d4 × e5 ou d4-d5. Par contre, cela serait plus facile avec le pion en b2 au lieu de c2 : le pion doublé favorise l'obstination. Pourquoi ? Cela est difficile à expliquer ; peut-être est-ce l'œuvre de la justice immanente (un essai de compenser la faiblesse dynamique par une force statique), peut-être l'effet de la colonne (b) ; il reste que l'expérience a révélé que le pion doublé (c) favorise l'obstination.

Nous voyons dans cette capacité à s'obstiner la seule véritable force du pion doublé. Regardez la partie Haakanson-Nimzowitsch et aussi mes parties contre Johner et Rosselli.

2. Nous passons en revue les complexes de pions doublés les plus connus (en abrégé : complexes doublés). Le complexe doublé comme moyen d'attaque

a) Blancs : pions e4, d3, a2, c2, c3 (ou c3, c4) ; *Noirs :* pions e5, d6, c7, b7, a7 (diagramme 144).

La formation la plus forte pour les Blancs est obtenue après d3-d4 et doit être conservée le plus longtemps possible. Par contre, après d4-d5, la faiblesse blanche devient sensible, d'où la nécessité stratégique pour les Noirs de contraindre les Blancs à l'avance d4-d5. Ceci sans user du coup c7-c5 si possible, car après c5 ? d5, il n'y a plus moyen de consulter d5 (par c7-c6) et on ne peut plus occuper la case c5 avec un Cavalier.

Dans la position du diagramme 144, beaucoup de joueurs commettent l'erreur que font ici les Noirs : se jeter immédiatement dans la bataille en jouant d6-d5. Ceci est en contradiction avec notre règle principale (cf. plus haut) selon laquelle il faut d'abord pousser le « complexe doublé » adverse à passer lui-même à l'action ; ce n'est qu'ainsi qu'on pourra exploiter la faiblesse active (= dynamique) du complexe doublé.

Les exemples qui vont suivre ont pour seul but d'illustrer la lutte entre le défenseur qui s'obstine (à ne pas bouger) et son adversaire qui le pousse à prendre une décision.

D'abord nous montrons comment le défenseur, pour un seul coup irréfléchi, perd tous les atouts qu'il avait en main. *Blancs :* Haakanson ; *Noirs :* Nimzowitsch (1921) **1. d4 Cf6 2. c4-e6 3. Cf3 b6 4. Fg5 h6 5. F × f6 D × f6 6. e4 Fb7 7. Cc3 Fb4 8. Dd3 F × c3 + 9. b × c d6** (à présent e6-e5 va être joué et le « complexe doublé » dont nous avons parlé à maintes reprises (diagramme 144) est apparu. **10. De3 Cd7 11. Fd3 e5 12. 0-0 0-0 13. a4-a5 14. Ce1.** Les Blancs sont bien car il est fort improbable que l'adversaire puisse les forcer à la décision (= d4-d5). Pourtant, le quatorzième coup blanc est madadroit et va être source de difficultés. Le coup juste était 14. Cd2 suivi de f2-f3, la Dame qui est exposée en e3 pouvait alors se retirer en e2 et les Blancs pouvaient continuer à s'obstiner. Après

14. Ce1 ? par contre, les Noirs jouèrent **14. ... Tae8 ! 15. f3-De6 !** et les Blancs auraient dû faire contre mauvaise fortune bon cœur (= jouer d4-d5) mais ils préférèrent jouer **16. Cc2,** perdirent un pion et la partie après **16. ... e×d 17. c×d f5 ! 18. d5 De5 19. Dd4 Cc5 20. Tfd1 f×e 21. f×e C×d3 22. T×d3 D×e4.**

Le combat que nous venons de décrire prit une forme bien plus intense dans l'exemple suivant : *Blancs :* Janowsky ; *Noirs :* Nimzowitsch (Petrograd 1914) **1. d4 Cf6 2. c4 e6 3. Cc3-Fb4 4. e3 b6 5. Fd3 Fb7 6. Cf3 F×c3+ 7. b×c d6 8. De2 Cbd7 9. e4 e5 10. 0-0 0-0 11. Fg5 h6 12. Fd2 Te8 13. Tae1** (diagramme 146). Les Noirs

Diagramme 146

Janowsky-Nimzowitsch
Les Noirs au trait luttent contre « l'obstination » blanche

ont maintenant à résoudre un difficile problème : comment provoquer une action au centre de la part de l'adversaire ? Ils essayèrent par la manœuvre Cf6-h7-f8-e6. On aurait pu envisager aussi Cf8, par exemple (13. ... Cf8) 14. h3-Cg6 15. Ch2 Te7 ! et si 16. f4 ; alors e×f 17. F×f4 De8 et les Blancs n'ont pas de défense valable pour le pion e4. Voici ce qui arriva : **13. ... Ch7 14. h3 Chf8 15. Ch2 Ce6 ! 16 Fe3 !** (il « s'obstine ») **c5 !** (ne voyant pas d'autre moyen de briser la résolution de l'adversaire) **17. d5-Cf4 ! 18. Fe2 Cf8** et les Noirs peuvent envisager une attaque simultanée aux deux ailes (grâce au pion blanc c4 et à la case f4).

Il est donc souvent très difficile de contraindre l'adversaire qui s'obstine dans une position d'attente à entreprendre une action qui entre dans nos vues. Il ne faut donc forcer l' « obstination » adverse que si l'on peut légitimement espérer qu'il devra quitter sa position d'attente. Ce qui suit est très instructif à ce propos.

Blancs : Nimzowitsch ; *Noirs :* Rosselli, Baden-Baden 1925. Après les sept premiers coups (**1. Cf3 d5 2. b3 c5 3. e3 Cc6 4. Fb2 Fg4 ? 5. h3 F×f3 6. D×f3 e5 7. Fb5 Dd6),** les Blancs avaient déjà la possibilité de forcer un doublement de pion chez l'adversaire ; par exemple, 8. F×c6+ b×c 9. e4. Qu'y aurions-nous gagné ? Comment forcer alors les Noirs à jouer d5-d4 ? C'est pourquoi les Blancs jouèrent **8. e4 !** (diagramme 147). Les Blancs ont temporisé. **8. ... d4,** maintenant que la poussée a été effectuée, la constitution d'un complexe doublé est hautement souhaitable, donc **9. Ca3** (menaçant Cc4 Dc7 F×c6 b×c) **9. ... f6 ! 10. Cc4 Dd7 11.Dh5 + g6 12. Df3** Dc7 (si 12. ... 0-0-0 Ca5 Ce7 D×f6) **13. Dg4** et la diagonale g4-d7 eut rapidement pour effet un pion doublé noir, cela pour éviter des maux plus grands encore. On trouvera la partie complète, entièrement commentée, à la fin du chapitre.

Diagramme 147

Nimzowitsch-Rosselli

Les Blancs au trait renoncent à la création possible d'un « complexe doublé » (par F×c6 b×c), car ils se rendent compte de l'impossibilité à contraindre les Noirs de jouer d5-d4 par la suite : si e3-e4 après F×c6 b×c, les Noirs attendent tout simplement

L'adversaire obstiné doit tenir compte du fait que la mobilité de son complexe doublé est très réduite, ce qui a des répercussions sur la situation des pièces dont le rayon d'action devra être très précis, très efficace. L'exemple suivant permettra de mieux comprendre ce que nous voulons dire.

Nimzowitsch-Sämisch (Dresde 1926). Après les coups **1. c4 e5 2. Cc3 Cf6 3. Cf3 Cc6 4. e4 Fb4 5. d3-d6 6. g3 Fg4 7. Fe2 h6 8. Fe3 F×c3 + 9. b×c Dd7,** les Blancs étaient parfaitement conscients de la faiblesse dynamique de leur « complexe doublé » ; ils adoptèrent donc le plan suivant : laisser le pion « s'obstiner » en d3, tout au plus en D4. On observera les petits coups astucieux des figures blanches. Ces petits coups correspondent parfaitement à la situation créée par la configuration centrale des Blancs : quand on a un petit capital, il faut être très économe (= quand on a une petite mobilité de manœuvre...).

La suite fut : **10. Dc2 ! 0-0 11. Dd2** (à 10. Dd2, les Noirs répondent aussitôt 0-0-0 et la Dame est mal à l'aise sur d2. Par contre, après 10. Dc2, les Blancs répondraient au 0-0-0 noir par 0-0 suivi de Tfb1 et obtiendraient un bon jeu d'ensemble, grâce en particulier à la Dame en c2) **11. ... Ch7 12. h3 ! F×h3 13. Cg1 ! Fg4 14. f3 Fe6 15. d4** et les Blancs gagnent une pièce et la partie.

Nous venons de soumettre le « complexe doublé » à une analyse approfondie. Vus sous cet angle, des incidents échiquéens anodins apparaissent sous un jour nouveau **1. e4 e5 2. Cf3 Cc6 3. Cc3 Cf6 4. Fb5 Fb4 5. 0-0 0-0 6. d3 d6 7. Fg5 F×c3 8. b×c De7 9. Te1 Cd8 10. d4** (diagramme 148). Les Blancs ont une position d'attaque : voilà l'opinion courante. Je prétends que c'est faux ; si le pion était en b2, et non pas en c2, ce serait effectivement le cas. Dans ce cas précis pourtant, l'apparente position d'attaque du pion d4 n'a pour seul but véritable que de masquer une faiblesse (c2/c3). Après d4-d5, cette faiblesse (dynamique) serait visible à l'œil nu. Pour qui va au fond des choses, la structure c2, c3, e4, d4

Diagramme 148

La position d'attaque au centre doit permettre de protéger les faiblesses dynamiques (c2-c3). Celles-ci deviendraient criantes après d4-d5. Aussi, cette « position d'attaque » doit-elle plutôt être considérée comme une position d'attente

(contre e5, d6, c7, a7, b7) est une position d'attente. La suite fut : **10. ... Ce6 11. Fc1 c6** (c5 ! était ici le coup juste, par exemple 11. ... c5 12. d×e d×e 13. C×e5 Cc7, etc) **12. Ff1 Td8 13. g3 Dc7 14. Ch4.** Les Blancs veulent maintenant jouer f2-f4 ; ils avaient donc vraiment l'initiative au centre ? Pas du tout. Voici quelle est la situation : les Noirs ayant négligé au onzième coup de régler les comptes, les Blancs purent monter une attaque à partir de leur position d'attente mais celle-ci n'était primitivement qu'une position d'attente. La suite fut (nous suivons la remarquable partie Spielmann-Rubinstein, Karlsbad 1911 : **14. ... d5 15. f4 ! e×f 16. e5 Ce4 17. g×f f5 ! 18. e×f ! C×f6 19. f5 Cf8 20. Df3** et Spielmann gagna dans un style étourdissant **20. ... Df7 21. Fd3 Fd7 22. Ff4 Te8 23. Fe5 c5 24. Rh1 c4 25. Fe2 Fc6 26. Df4 Cf8-d7 27. Ff3 Te7 28. Te2 Tf8 29. Tg1 De8 30. Teg2 Tf8-f7 31. Dh6 ! Rf8 32. Cg6 +** une brillante combinaison pour forcer les lignes ennemies **32. ... h×g 33. Dh8 + Cg8 34. Fd6.**

L'adversaire handicapé et cloué de toutes parts ne peut s'opposer à l'invasion sur g8 via la colonne g, **34. ... Dd8 35. T×g6 Cdf6 36. T×f6 ! T×f6 37. T×g7 !** Abandon.

Passons maintenant à la présentation du « complexe doublé » suivant :

b) Blancs : pions e4, a2, b2, c2, f2, g2, h2, contre *Noirs :* pions a7, c7, c6, d6, f7, g7, h7 ou encore *Blancs,* pion d4 au lieu de e4, *Noirs :* pions a7, b7, c7, e6, f7, f6, h7 (diagrammes 149 et 149 a). Le sens de cette disposition de pions réside en ceci : le pion f6 et le pion c6 sont des compensations pour le centre qui a été perdu ; f6 et c6 ont en effet une action dirigée vers le centre : l'avant-poste e5 est tabou (diagramme 149 a), d'autre part, les

Diagramme 149

Diagramme 149 a

Noirs menacent e6-e5 ; enfin, on peut envisager f6-f5 suivi de Tg8 (g2-g3) h7-h5, f5-f4 et h5-h4. En d'autres termes : la masse de pions, *a priori* défensive, e6, f7, f6 peut s'ouvrir (comme un poing) et partir à l'attaque.

C'est le pion h7 isolé qui est faible. Les Blancs essayeront de répondre à l'attaque de diversion évoquée plus haut (Tg8, f5, h5, etc.) en installant les pions sur f4, g3, h2 suivi de Cf3 et Cg2. Le jeu est alors équilibré. Mais il est très difficile pour les Noirs de trouver le moment adéquat pour quitter la défensive en jouant f6-f5. Nous donnons quelques exemples.

Nimzowitsch-Dr Perlis, Ostende 1907. **1. e4 e6 2. d4 d5 3. Cc3 Cf6 4. Fg5 d×e 5. C×e4 Fe7 6. F×f6 g×f 7. Cf3 Cd7 8. Dd2 Tg8** (peut-être fallait-il encore attendre avant de jouer ce coup) **9. 0-0-0 Cf8** (couvre la faiblesse du pion isolé h7) **10. c4 c6 11. g3 Dc7 12. Fg2 b6 13. The1 Fb7 14. Rb1 0-0-0** (le Dr Perlis a su, avec beaucoup d'habileté, valoriser la force défensive de son « complexe doublé ». Mais voilà qu'il croit le moment venu de transformer sa masse de pions en instrument d'attaque. **15. Cc3 Rb8** (diagramme 150) **16. De3** (l'avant-poste e5 fait cruellement défaut aux Blancs) **16. ... Cg6** (à présent, f5-f4 menace, puisque la protection de e5 est assurée par le Cg6) **17. h4 f5 18. Ce5** (enfin !) **f4 ! 19. Df3 C×e5 20. d×e f×g 21. f×g Fb4** avec un jeu égal (22. a3 F×c3 23. D×c3 c5

Diagramme 150

Les Noirs ont su faire un bastion défensif de leur complexe doublé : l'avant-poste e5 n'est pas utilisable pour les Blancs

24. F × F D × b7 25. Td6 T × T 26. e × d Td8 27. Td1 De4 + 28. Ra2 Td7 suivi de nulle au trentième coup). Le Dr Perlis, qui était un très fin connaisseur, a su mettre ici en valeur aussi bien les aspects défensifs qu'agressifs du « complexe doublé ».

Ce fut moins convaincant dans la partie Yates - Dr Olland, jouée à Schweningen en 1913. **1. e4 e6 2. d4 d5 3. Cc3 Cf6 4. Fg5 d × e4 5. F × f6 ?** (C × e4 d'abord, était meilleur) **g × f 6. C × e4 f5 ?** (le moment choisi pour avancer ne me semble pas très heureux. Mettre sur pied la position caractéristique (= le squelette de pions) par b6, c6, Cd7, Dc7, Fb7 et 0-0-0, comme dans la partie précédente, paraissait plus judicieux) **7. Cc3 Fg7** (ce Fou se charge à présent de couvrir e5 mais le pion f6 était un gardien bien plus fidèle) **8. Cf3 0-0** (à 8. ... Cc6 que je recommandais comme meilleur en 1913, la suite eut été : 9. Fb5 0-0 10. F × c6 b × c 11. Dd3 ! Tb8 12. 0-0-0 et toutes les tentatives noires pour passer à l'attaque échouent à cause de Ce5. Par exemple : 12. ... De7 13. Ce5 Db4 14. b3, etc.) **9. Fc4 ?** (9. Dd2 suivi de 0-0-0 était indiqué) **9. ... b6 ?** (9. ... Cc6 10. Ce2 e5 ! 11. d × e C × e5 aurait donné du champ aux Fous, par exemple : 12. C × e5 F × e5 13. c3 Fe6 et les Noirs sont bien. Pour nous, il était intéressant de voir comment la possibilité e6-e5 a été mise en valeur : (cf. notre prologue à propos du « complexe doublé ») 10. Dd3 Fb7 11. 0-0-0 Cd7 12. The1 Df6 13. Rb1 Tfd8 14. De3 c5 (c6 paraît meilleur, d'abord parce que cela immobilise le pion d, d'autre part pour préparer un éventuel b5 suivi de Cb6. L'opération avec f6-f5 ne s'est pas concrétisée, la masse de pions n'a pu devenir un instrument d'attaque et elle doit se méfier de la poussée adverse g2-g4) 15. d5 e5 16. g4 (la partie quitte à présent le domaine des sciences exactes. Les Blancs peuvent être heureux d'avoir obtenu un pion passé ; contre la partie de pions e5, f5 on peut entreprendre une manœuvre de handicap par Cd2 suivi de f3. Les Blancs ne sont alors pas mal). 16. ... f × g 17. Cg5 Fh6 18. Cce4 Dg6 19. f4 e × f 20. D × f4 avec de gigantesques complications. Après quelques fautes ultérieures des Noirs, les Blancs gagnèrent au quarante-quatrième coup.

Dans cette dernière partie, le « complexe doublé » noir n'est pas parvenu à s'épanouir comme instrument d'attaque. Il en va autrement dans la partie qui va suivre où il s'agit d'un complexe c7, c6, d6 contre c4, c2 (diagramme 149 et non 149 a). Nous considérons en effet les squelettes (de pions) des diagrammes 149 et 149a comme totalement identiques dans les situations de jeu concrètes.

Le complexe doublé du diagramme 149 comme moyen d'attaque

Teichmann-Bernstein, Petrograd 1914. **1. e4 e5 2. Cf3 Cc6 3. Cc3 Cf6 4. Fb5 d6 5. d4 Fd7 6. 0-0 Fe7 7. Te1 e×d 8. C×d4 0-0 9. F×c6 b×c 10. b3 Te8** (les Noirs ont non seulement à régler le problème de la mise en valeur adéquate du « complexe doublé » mais ils doivent aussi handicaper le centre adverse mobile) **11. Fb2 Ff8 12. Dd3 g6 13. Tad1 Fg7 14. f3** (il renonce à valoriser son centre de façon agressive [par f4] et recherche la sécurité) **14. ... Db8** (les derniers préparatifs de pièces sont au point pour que c5 ait un maximum de puissance) **15. Fc1 Db6** (d'après Lasker **15. ... a5** était meilleur avec la menace a4 ! 16. Ca4 ! c5, si 16. a4, alors c5, Cb5, Fc6 suivi de Cd7 avec un bon jeu pour les Noirs) **16. Ca4 Db7 17. Cb2 ! c5 18. Ce2 Fb5 19. c4 Fc6 20. Cc3** (dans de pareilles positions, la formation a4, b3, c4, et en particulier le pion b3, nous inquiète beaucoup. Cela enlève aux Blancs toute chance de gain. La formation choisie dans la partie doit empêcher la poussée a7-a5-a4, sans avoir à recourir à des coups de pions qui affaibliraient la position ; les Noirs garderaient alors aussi leur faiblesse en a7). **20. ... Cd7 21. Fe3 Cb6 22. Tb1 a5 23. Ff2** Et maintenant le coup juste était **23. ... Dc8** (diagramme 150a) pour menacer a5-a4. A **24. Cd5,** les Noirs répondraient **C×d5 25. c×d Fd7** suivi de **a4.** Les Blancs n'ont guère d'autres atouts en dehors de Cd5. Notre impression est la suivante : c6-c5 donne la case d5 et donc une arme à double tranchant. Par contre, si les conditions préliminaires sont remplies, c'est-à-dire si le pion e4 est à peu près handicapé et si des parades satisfaisantes ont été prévues contre le coup Cd5, alors l'avance sera justifiée. La formation de défense, ici adoptée (les Blancs : pions c4, b3, a2 suivi de Cb2 et Cc3) nous paraît solide, mais nous pensons que le nombre relativement important des pièces qui doivent être utilisées, rend pratiquement impossible le gain pour les Blancs : les parties jouées sur ce modèle, par exemple Lasker-Schlechter, menèrent effectivement à la nullité.

Diagramme 150 a

Valorisation agressive du complexe d'avant-poste blanc, d5 peut devenir une réalité pour les Blancs. On notera aussi la judicieuse disposition pour et contre a5-a4

Par contre, nous croyons mauvais le développement d6-d5, car il autorise de vilains handicaps. A cet égard, la partie Billecard-Dr Bernstein, Ostende 1907, est très instructive : **1. e4 e5 2. Cf3 Cc6 3. Cc3 Cf6 4. Fb5 d6 5. d4 e×d 6. C×d4 Fd7 7. 0-0 Fe7 8. F×c6 b×c 9. b3 0-0 10. Fb2 d5.** Puis **11. e5 Ce8 12. Dd2 !** (les Blancs pensent, à juste titre, que les pions doublés ne deviennent pas plus forts en étant avancés) **12. ... c5 13. Cde2 c6 14. Tad1 Dc7 15. Cf4 Db7** (pour parer la menace C×d5) **16. Ca4** (ce coup introduit un blocage d'installation en c5). Il serait encore plus sensible pour les Noirs, si leurs pions étaient en c7, c6, d5. Un Cavalier blanc en c5 produirait alors une paralysie générale. Enfin, cette partie met brillamment en lumière les affinités électives entre pion doublé et handicap (cf. le début de notre chapitre). **16. ... c4 17. Fd4 c×b 18. a×b** (c×b paraît plus logique) **18. ... Cc7 19. Cd3 Ce6 20. Cdc5 Dc7 21 C×d7 D×d7 22. De3 C×d4 23. D×d4 Tab8 24. Cc5 Df5 25. Cd3.** Les Blancs contrôlent le point c5. Pourtant, si au dix-huitième coup, ils avaient repris du pion c, la pression serait plus forte encore à cause de la colonne ouverte c. 10. ... d6-d5 est ainsi réfuté. Celui qui s'intéressera aux relations logiques plus profondes qui peuvent exister pensera « le complexe c7-c6-d5 devait être bien simple à bloquer ! En effet, les Noirs ont réussi à dédoubler leurs pions, les Blancs ont fait une erreur éclatante (18. a×b au lieu de c×b) et malgré tout cela, la mobilité de c6 et de d5 est restée très restreinte ! » Le raisonnement est juste dans l'ensemble : c7-c6-d5 ont une tendance très nette à avoir des problèmes de blocage ; en d'autres mots, on peut sans doute accepter comme une réalité cette affinité élective, dont nous parlions en début de chapitre.

Qu'on se reporte encore à notre partie contre G. S. Léonhardt à San Sebastian en 1912 ; et, notre présomption deviendra certitude.

3. Le handicap. Les coups de Tour mystérieux. A propos des coups libérateurs authentiques et inauthentiques et comment lutter contre eux

A l'époque où il était encore de mise de me malmener et de tourner mes idées en dérision, quelques critiques finement ironiques qualifiaient mes coups de Tours de « mystérieux ». On trouve un coup de cette sorte dans la position du diagramme 152 : à l'évidence, les Blancs veulent jouer d3-d4 à un moment ou à un autre, quand cela sera possible. Le coup Tf8-e8 doit rendre plus difficile pour un temps la réalisation de ce coup libérateur. Il s'agit donc d'un coup préventif. La seule chose qui soit mystérieuse dans ce coup est sa forme extérieure

(= une Tour occupe une colonne momentanément fermée), le but stratégique, lui, ne l'est pas. Nous conserverons cependant le vocable « mystérieux », mais l'ironie n'a plus pour victime le coup en question. Exiger d'une pièce une action agressive directe, et rien que cela, est du niveau d'une mazette. Le joueur plus évolué demandera en outre à ses pièces d'exercer une action préventive. La situation typique est la suivante : une action de libération préparée par l'adversaire (d'habitude une poussée de pions) doit avoir pour résultat l'ouverture d'une colonne à notre bénéfice. Cette colonne problématique (dont l'ouverture n'est pas en notre pouvoir), doit être occupée à l'avance avec l'intention de dissuader l'adversaire de jouer son coup libérateur. Le coup de Tour « mystérieux » est une des règles d'or d'une stratégie sensée.

L'amateur assoiffé de connaissances s'entraînera sans relâche à cela, il luttera particulièrement contre ce préjugé qui consiste à croire que seule l'activité totale d'une Tour est effective. J'ose même affirmer qu'empêcher des poussées libératrices est bien plus important que de savoir si la Tour, à ce moment précis, est active ou passive.

Diagramme 151

Aile-dame et centre dans la partie Cf. Gottschall-Tarrasch (1888)

Les Tours blanches sont pat. On remarquera aussi l'élasticité très réduite de la Tour a2 en direction de l'aile-roi

Diagramme 152

Blackburne-Nimzowitsch (1914)

Les Noirs jouèrent le coup de Tour « mystérieux » Tf8-e8. La Tour doit fonctionner préventivement contre d3-d4

Donnons quelques exemples :

Blancs : Rg1, Tc1, Tf1, Fe2, Cf3, a2, b2, d4, e3, f2, g2, h2 ; *Noirs :* Rg8, Td7, Tf8, Fb7, Cf6, a5, b6, c6, d5, f7, g7, h7 (la position doit être considérée comme un schéma ; il s'agit encore de l'ouverture). Les Blancs jouent Tf1-d1, c'est-à-dire attendent un éventuel c6-c5, et, veulent dans ce cas, après l'échange d4 × c5, b6 × c5, utiliser les colonnes c et d pour faire pression sur les pions d5 et c5 qui sont « en l'air ».

Le coup de Tour « mystérieux » apparaît essentiellement dans l'ouverture. Mais il joue aussi un rôle important dans la première phase du milieu de partie (diagramme 153). Les Noirs, sans complexes, lecteur trouvera un autre exemple, plus actuel, dans la finale qui suit : *Blancs :* Kupchik ; *Noirs :* Capablanca, jouée à Lake Hopatkong en août 1926. Après le dix-neuvième coup des Blancs, nous sommes

Diagramme 153

Schéma : les Noirs cherchent à contrecarrer le plan des Blancs (a2-a3 suivi de b3-b4 et c4-c5) en jouant Ta8-a7 suivi de Tfa8. Tout au moins l'effet de l'avance blanche sera diminué

Diagramme 154

Les Noirs (Capablanca) au trait entament une action pour prévenir le coup blanc g2-g4. Capablanca la conduit au succès avec virtuosité

jouent 1. ... Ta7. Si les Blancs répondent a2-a3, ils jouent 2. ... Tf8-a8. Les Blancs ne peuvent plus réaliser leur plan b2-b4 suivi de c4-c5, sans concessions à l'adversaire ; la suite pourrait être 3. Dc2-b2 De7-d8 4. b3-b4 a5 × b4 5. a3 × b4 Dd8-b8 ! 6. Ta1 × a7 ? D × a7 et les Noirs s'emparent de la colonne a. Ou bien 6. Tf1-b1 Rg8-f8 7. c4-c5 b6 × c5 8. Ta1 × a7 Ta8 × a7 9. b4 × c5 Db8 × b2 10. Tb1 × b2 Ta7-a3 11. Tb2-c2 Fd7-c8 ! 12. c5-c6 ! (c'est le meilleur coup, 12. c×d c×d 13. Ch5 Ta1 + 14. Rf2 Fa6, conduirait à l'égalité) 12. ... Cf6-e8 suivi de f7-f5 avec quelques contre-chances. Le parvenus à la position du diagramme 154. La chaîne (de pions) d5-c4 contre d4-c3 exige que la base c3 soit attaquée par a7-a6 b6-b5 a6-a5 et b5-b4. Mais il faut d'abord se prévenir contre l'attaque g4. Ce qui fut fait ainsi : **19. ... h7-h5 ! 20. Te1-f1 Tf6-h6 !** Voilà le coup de Tour « mystérieux », car les Noirs prévoient l'attaque blanche h2-h3, suivie de g2-g4, et veulent être prêts à attaquer immédiatement sur la colonne h. Voici quelle fut la suite :

21. Fd2-e1 g7-g6 22. Fe1-h4 Rg8-f7 ! 23. De2-e1 a7-a6. A présent, le coup survient au bon moment ! **24. Fb5-a4 b6-b5 25. Fa4-**

d1 Fb7-c6 26. Tf3-h3 (il aurait mieux valu se défendre à l'aile-dame) **26. ... a6-a5 27. Fh4-g5 Th6-h8 28. De1-h4 b5-b4 29. Dh4-e1** (ou bien Ff6 Fe7) **Tf8-b8 30. Th3-f3 a5-a4** et l'attaque gagne (31. Tf3-f2 a3 32. b3 C×b 33. F×b3 Fb5 34. Tg1 D×c3). La manœuvre de Tour Tf8-f6-h6-h8 est très esthétique et réjouira le lecteur.

Diagramme 154 a

Dans la position du diagramme 154a (*Blancs :* V. Gottschall ; *Noirs :* Nimzowitsch, jouée à Hanovre en août 1926) les Noirs voulurent mettre en valeur leur majorité à l'aile-roi, en jouant Rf7-g6-f5 suivi de e6-e5. Les Noirs prévoyaient après 2. Rg6, g3-g4. Mais je choisis le « mystérieux » coup de Tour (vous voyez donc qu'il est possible, même en finale) : **28. ... Te8-h8 !** Après les coups suivants **29. Td4-d1 Rf7-g6 30. Td1-d4 Rg6-f5 31. Fe3-d2,** survint un nouveau coup de Tour « mystérieux » **31. ... Th8-f8** que nous appellerons plutôt « semi-mystérieux » puisque Thf8, à la différence de 28. ... Teh8 (qui n'avait que des buts préventifs) est un coup parfaitement actif. La suite fut : **32. Fd2-e1 e6-e5 33. f4×e5 f6×e5 34. Td4-h4 g7-g5 35. Th4-b4 Rf5-e6+ 36. Rf2-e2 e5-e4 37. Fe1-f2 Tf8-f3.** Le pion passé, la Tour dans le camp ennemi et une certaine faiblesse du pion blanc c5, suffisent à mener lentement les Blancs à leur perte.

Le coup de Tour « mystérieux » qui met une Tour sur une colonne fermée qui ne peut être ouverte que par l'adversaire (et si l'adversaire ne l'ouvre pas, notre Tour est Gros-Jean comme devant) ne doit être joué que si on pense pouvoir sacrifier une telle somme d'énergie. Ce sacrifice a pour but de prévenir et de compliquer une action libératrice de l'adversaire.

Par contre, si nous remarquons que la libération prévue par notre adversaire est inauthentique (= ne conduit pas à une véritable libération), il serait contraire au bon sens (= non économique) de faire le sacrifice dont nous parlions plus haut. Dans la partie évoquée, Blackburne-Nimzowitsch, la différence entre une libération authentique et une autre inauthentique apparaît clairement. Comme cette partie est également caractéristique de notre conception de la prophylaxie, nous la présentons.

Petrograd 1914

Blancs : BLACKBURNE
Noirs : NIMZOWITSCH

1. e2-e3 d7-d6
2. f2-f4 e7-e5
3. f4 × e5 d6 × e5
4. Cb1-c3 Ff8-d6

Le meilleur coup, puisque la sortie précipitée du Cavalier que préconise Lasker, n'est pas à sa place ici où il s'agit de structure de pions et où il faut lutter contre les tentatives possibles de libération.

5. e3-e4 Fc8-e6

Empêche Fc4.

6. Cg1-f3 f7-f6

Les Noirs jouent pour empêcher d3-d4 qui serait, dans une certaine mesure, un coup libérateur (ceci apparaîtra nettement au huitième coup). d3-d4 valoriserait en effet la majorité centrale blanche. Grâce à leur façon de jouer, les Noirs parviennent à une paralysie totale de la majorité centrale blanche. Et maintenant, une question au cher lecteur : pourquoi les Noirs autorisent-ils le coup libérateur d2-d4 au septième coup ?

7. d2-d3 ...

Les Blancs renoncent ; à juste titre, car 7. d2-d4 serait le type même de coup libérateur inauthentique, qui ne conduirait qu'à de nouvelles faiblesses, par exemple 7. d2-d4 Cbd7! 8. d4-d5 (sinon e5 × d4 arrivera tôt ou tard, suivi d'une pression sur le pion isolé e4) 8. ... Ff7 suivi de l'occupation de la case c5 par un Cavalier.

7. ... Cg8-e7

8. Fc1-e3 c7-c5!

A l'aide des ressources que leur offre la colonne d les Noirs occupent leur adversaire à la défensive (cf. neuvième et dixième coups noirs).

9. Dd1-d2 Cb8-c6
10. Ff1-e2 Cc6-d4
11. 0-0 0-0
12. Cc3-d1 Ce7-c6
13. c2-c3 ...

Voilà le salaire mérité du va-et-vient noir : d3 est une faiblesse.

13. ... Cd4 × e2 +
14. Dd2 × e2
14. ... Tf8-e8

Le coup de Tour « mystérieux » qui menace de faire jouer la pression de la colonne e sur le pion e4, si d3-d4 était joué. D'autre part, ce coup ménage une place au Fou, qui doit se rendre en f8.

15. Cf3-h4 Fd6-f8
16. Ch4-f5 Rg8-h8!

Les Blancs ont très sagement valorisé la colonne f qui représente leur seule chance. Le coup de la partie est, dans sa bizarrerie même, caractéristique du jeu positionnel : les Noirs s'assurent la possibilité de jouer éventuellement g7-g6, suivi de f6-f5, sans être gênés par un échec en h6.

17. g2-g4 Dd8-d7!

Ce coup permet de parer l'avance g4-g5 qui devient menaçante. Par exemple : g4-g5, g7-g6, Cg3 f6-f5! et les Noirs sont très bien (cf. la remarque précédente).

18. Cd1-f2 a7-a5

Le pion a2 est constamment menacé ; à b2-b3, les Noirs répondent par a5-a4 ; on voit comment la faiblesse du centre blanc entraîne l'aile-dame blanche dans le malheur.

19. a2-a3 b7-b5

Fb3 aurait été un coup fort, mais les Noirs auraient alors renoncé à leur riposte à g4-g5. Malgré cela, Fb3 pouvait fort bien être joué (on ne doit pas devenir l'esclave de ses ripostes) par exemple 19. ... Fb3 20. g5 f×g 21. F×g5 c4! (indiqué par Lasker) 22. d×c De6 23. Ce3 Dg6 24. Dg4 Fc5! gagne. Ou bien (19. ... Fb3 20. g5 f×g 21. F×g5 c4! 22. d×c De6) 23. Df3! F×c4 24. Tfd1 et les Noirs sont très légèrement mieux.

20. Ta1-d1 Ta8-b8

b5-b4 économisait plusieurs temps.

21. Td1-d2 b5-b4
22. a3 × b4 a5 × b4!

c5 × b4? d3-d4!

23. c3-c4

Diagramme 155

Après le vingt-troisième coup blanc

23. ... Tb8-a8?

Les Noirs avaient atteint une position stratégique gagnante. Ils ne devaient pas tergiverser plus longtemps et jouer leurs atouts. Ces atouts étaient le coup Cd4 qui, après F×d4 et g7-g6, permettait de contrôler la diagonale h6-c1 avec le Fou en h6. Qu'on en juge : 23. ... g6 (au lieu de Ta8) 24. Cg3 Cd4! 25. F×d4 c×d suivi de Fh8. Ou bien 25. Dd1 (au lieu de l'échange) Tba8 suivi de Da4, l'échange de Dames est forcé et les Noirs ont une bonne finale. On pouvait également jouer ces atouts dans un autre ordre, par exemple : 23. ... Cd4 24. F×d4 c×d 25. Df3 (le meilleur) g6 26. Cg3 De7 27. Cd1 Fh6 28. Tg2 Fg5 suivi de Tb8-a8-a1, etc.

24. De2-f3 Ta8-a2?

Il était encore temps de jouer Cd4, etc

25. g4-g5 ...

Grâce à une astuce tactique (26. coup blanc), cette avance, apparemment interdite, est tout de même possible. Les Noirs sont moins bien.

25. ... g7-g6
26. Cf2-g4! ...

Ravit aux Noirs les fruits de leur dur labeur. La suite fut : 26. ... g×f 27. Cf6 Cd4 28. Df2 (Dh5 gagnait encore plus vite) Dc6 29. C×e8 D×e8 30. F×d4 e×d 31. e×f et gagne facilement.

Ce que nous voulons enseigner en examinant cette partie, c'est tout d'abord la différence entre les coups libérateurs authentiques et inauthentiques. On observera la façon dont les Noirs sont arrivés à handicaper d3-d4, puis g4-g5 (jusqu'au faux pas soudain). Pour nous, le plus important est le postulat suivant : il n'y a pas de coups de libération absolus. Une libération dans une position peu développée s'avérera comme inauthentique et, inversement, un coup qui n'appartient pas du tout à la catégorie des coups libérateurs, pourra jouer ce rôle si on dispose de quelques temps d'avance.

Diagramme 156

A cause du développement insuffisant des Noirs, le « coup libérateur » f7-f5 ne conduit qu'à une ouverture prématurée du jeu. Le jeu noir est exposé

Qu'on considère par exemple la position ci-dessus. Les Blancs ont une gigantesque avance de temps. Dans ces conditions, le coup libérateur noir f7-f5 a pour seul but une ouverture prématurée de la position noire pas encore développée, par exemple : 1. ... f7-f5 2. e×f! g×f 3. Ch5 suivi de f2-f4 avec une forte attaque.

Cette relation était inconnue de l'école pseudo-classique. Celle-ci ne connaissait que des coups libérateurs absolus ; f7-f5 (dans la formation e4, d5 contre d6-e5) en était un et était considéré comme hautement recommandable dans quatre-vingts pour cent des cas. Nous avons réduit cette proportion à soixante pour cent environ. Car même après le coup de défense f2-f3 (après f7-f5, e×f, g×f, maintenant f2-f3), la force de la paire de pions e5-f5 ne doit pas être surestimée. Et, nous voilà face à la cellule-mère du handicap.

4. La cellule-mère du handicap d'une majorité de pions. La lutte contre une majorité centrale. La majorité qualitative

Il ne m'est pas possible de présenter la cellule-mère du handicap à l'aide d'un diagramme ; j'ai choisi un autre moyen : les Noirs ont une majorité, par exemple a5 et b5, contre a3. Ou bien e5 et f5 contre f3. Ils menacent de faire un pion passé et (dans le second cas) d'entamer une attaque sur le roque en formant une cale par f5-f4 suivi de Tf8-f5-h5, etc. L'idée du handicap réside dans le fait que nous essayons de neutraliser le pion de plus, grâce à la colonne ouverte en liaison avec deux cases de blocage différentes. Dans la position : *Blancs :* f3, *Noirs :* e5 f5, sans compter « gens de chevalerie, damoiseaux et menu peuple », le joueur ayant la majorité exerce une double menace : l'une consiste à pousser e5-e4, l'autre constitue une clef de voûte par f5-f4, complétée par une éventuelle diversion Tf8-f5-g5 ou h5, etc. Simultanément, on prévoira l'installation d'un Cavalier en e3.

En quoi consiste donc l'idée d'un handicap ? En ce que sur e5-e4, on jouera f3-f4 et on bloquera en e3 par Fe3 ; d'autre part, à f5-f4, on répondra Ce4, bloquant le jeu noir. Ce Cavalier, grâce à son rayon d'action, rendra plus difficile la diversion dont nous parlions plus haut. Donc, on peut réellement dire que la cellule qui est à l'origine de tout handicap consiste en une colonne ouverte, combinée avec deux cases de blocage différentes.

La majorité centrale ne doit pas être trop avancée, sinon la menace de constitution d'une clef de voûte serait très pénible. Par exemple : *Blancs :* f2-g2-h2-Rg1 et *Noirs :* g7-h7-e4-f4 (nombreuses pièces de part et d'autre). Grâce à f4-f3 (= formation d'une clef de voûte), les Noirs menacent de couper les lignes de communication entre les ponts g2 et h2 d'une part et la deuxième traverse blanche de l'autre (= une Tour blanche en a2 ne pourrait plus protéger g2 ou h2). L'attaque noire, toutes choses égales par ailleurs, est à considérer comme très forte. D'où la nécessité de « fixer » la majorité centrale adverse sur sa quatrième case (donc, Noirs e5, f5 ; Blancs f3).

Le concept de majorité qualitative est, pour le connaisseur de notre chaîne de pions, très simple à comprendre ; l'aile qui s'avance en direction de la base adverse doit être considérée comme qualitativement supérieure. Par suite, dans la position : *Blancs :* pions e5, d4, a2, b2, c3, f4, g4, h3 ; *Noirs :* pions e6, d5, c5, a7, b7, f7, g7, h7 ; les Blancs possèdent la majorité qualitative à l'aile-roi, les Noirs la possèdent à l'aile-dame.

5. Les différentes formes que peut prendre le handicap sont analysées plus en détail

a) La lutte contre le pion central mobile.
b) Le handicap d'une majorité qualitative.
c) Le handicap des complexes doublés.
d) Ma « variante spéciale » bâtie autour du handicap.

a) Le pion central mobile.

Blancs : e4 contre d6 et f7 ou d4 contre e6 et c6. Il peut par exemple apparaître ainsi : 1. e4 e5 2. Cf3 Cc6 3. Fb5 d6 4. d4 e×d 5. C×d4 Fd7. Le handicap noir est introduit par une action sur la colonne e par Cf6 Fe7 0-0 Te8 Ff8. Un autre auxiliaire précieux pour la paralysie du centre blanc est la formation passive des pions noirs d6 et f6. La position : *Blancs* e4, *Noirs* d6 et f6 est typique ; nous l'appelons : « le bloc à scier », car le pion e4 doit être quasiment scié entre d6 et f6.

La suite des différentes opérations constituant la manœuvre contre le centre mobile, se déroule ainsi : *a)* le bloc à scier passif puis : *b)* l'empêchement plus actif à cause d'une Tour qui fait pression ; *c)* on va faire du pion central mobile un pion arriéré ou isolé ; *d)* on coincera mécaniquement celui-ci par un bloqueur ; *e)* conquête du pion.

On peut résumer le handicap, dans sa totalité, ainsi : « Handicap, blocage, anéantissement ». La réalisation est difficile, mais payante (également du point de vue pédagogique) ; c'est pourquoi l'analyse de la position obtenue après 1. e4 e5 2. Cf3 d6 3. d4 e×d 4. C×d4, est un entraînement excessivement valable et nous ne pouvons que le recommander au lecteur.

La partie qui suit, apparemment très compliquée, est en réalité très simple. Il s'agit de la lutte pour conquérir le pion e4 qui domine tout l'échiquier. *Blancs :* Shoosmith ; *Noirs :* Nimzowitsch, Ostende 1907. **1. d4 Cf6 2. c4 d6 3. Cf3 Cbd7 4. Cc3 e5 5. e4 Fe7 6. Fd3 0-0 7. 0-0 e×d !** (si 7. ... Te8 alors d5 et les Noirs sont toujours à l'étroit, par exemple 8. ... Ce5 9. Fe3 Cd3 ! 10. D×d3 Cd7 11. b4 a5 12. a3 etc.) **8. C×d4 Te8 9. b3 Ce5 10. Fc2 a6** (on comprendra bientôt le sens du déploiement blanc) **11. Fb2 Fd7 12. h3 Ff8 13. f4 Cg6 14. Df3 c6 15. Tae1 b5** (maintenant les choses sont claires : les Noirs observent e4 et cherchent en même temps à neutraliser le pion c qui est gênant, car c'est à cause de lui que le pion d6 est arriéré) **16. Dd3 Dc7 17. Rh1 Tad8 18. Fb1 b4 !** (nous avons à faire ici à une chaîne de pions étonnamment active. Les maillons de la chaîne sont les pions b3 et c4 d'une part, le pion b4 et... le Cc5 [!] de l'autre. Et, en effet, pourquoi une pièce ne pourrait-elle pas exceptionnellement jouer le rôle d'un maillon dans une chaîne de pions. Le plan sera le suivant : Fc8 Cf6-d7-c5 suivi de a7-a5-a4, avec une attaque contre la base blanche b3. Par suite b5-b4 consiste en une transmission de l'attaque de c4 à b3) **19. Cd1 Fc8 20. Df3 Cd7 21. Cf5 Cc5 22. g4 ?** (une faute qui met un instant le pion f4 en l'air ; mais, cet instant est suffisant pour permettre aux Noirs de réaliser une éclatante percée) **22. Ce6 !** (exploitation de l'erreur blanche) **23. Dg3 Fb7 24. h4 d5 25. e5 c5 26. c×d T×d5 27. Rg1** (27. Fe4 ? T×d1 !) **27. ... Td2 28. Cfe3 Dc6** Abandon.

Le lecteur appliqué consultera encore mes parties contre Teichmann (tome I) et Blackburne (dans ce même chapitre).

b) La lutte contre la majorité qualitative.

Imaginons, dans la même position du diagramme 153, le Cavalier noir en c5 au lieu de f6, nous aurions un exemple typique de handicap d'une majorité qualitative. Si Cd3×c5, alors b6×c5, avec paralysie de l'avance blanche. Si 1. a3 pour continuer par b4, alors les Noirs jouent 1. ... a4 ! 2. b4 Cb3 ! et la forte position du Cavalier est une compensation pour la case c5 occupée par les Blancs, après c4-c5. Essayons de comprendre l'action à la fois active et passive du pion-tour noir, car le pion (h5) dans la position du diagramme 157 est porteur de toute notre force de handicap. La poussée h5-h4 (diagramme 157) ou bien a5-a4 ne doit bien sûr intervenir qu'en réponse à h2-h3 ou a2-a3.

Diagramme 157

La majorité qualitative blanche semble handicapée ; 1. h3 est sévèrement contré par h4 ! g4 Cg3

Un autre processus typique est à l'œuvre dans la finale suivante (diagramme 158). L'avance que projettent les Blancs Dg3, h2-h4, g4-g5 ne peut être empêchée à la longue.

Diagramme 158

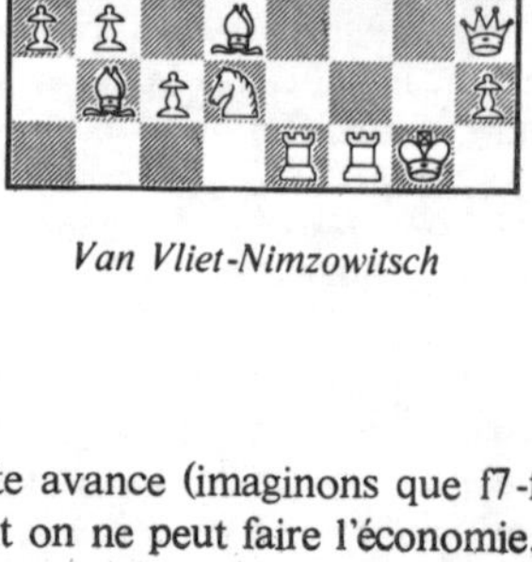

Van Vliet-Nimzowitsch

Cette avance (imaginons que f7-f6, dont on ne peut faire l'économie, a déjà été joué) pulvériserait la base noire (après g5 × f6 g7 × f6). Bien plus dangereuse pour les Noirs, est l'attaque du Roi qui est entraînée par l'avance blanche. Le bon plan est alors de retarder h4 et g5, jusqu'à ce que le Roi se soit enfui. C'est ainsi que se déroula la suite (diagramme 158) **21. ... Ch7 22. Cf3 De7 23. Dg3 Tfe8 24. h4 f6 25. Tae1** (les Blancs ont aussi leurs faiblesses) **25. ... Db7 26. Tfe1 Rf7 ! 27. Te2** (si 27. g5, alors h × g 28. h × g Re7 avec un jeu tenable) **27. ... Th8 !** (le coup de Tour « mystérieux ») **28. Rf2 Cf8 29. g5 h × g 30. h × g Cd7** (l'attaque blanche peut être considérée comme un échec, car après 31. g × f g × f 32. Dg6 + Re7 33. Dg7 + Rd6 ! les Noirs sont merveilleusement bien). La suite fut : **31. g × f g × f 32. Ch4 Tag8 33. Cg6 Th5 34. Tag1 Tg5** avec avantage aux Noirs. Que le débutant se souvienne bien de cette défense en dernier recours.

c) Handicap de complexes doublés.

Mise à part la faiblesse dynamique dont nous avons déjà parlé, deux points déterminants sont encore à souligner :

1) le Fou emprisonné :

2) le manque d'espace et les difficultés à protéger.

Pour illustrer notre premier point nous donnons une position de l'ouverture hollandaise (1. f4) (diagramme 159) et ensuite les deux débuts : **I. 1. f4-d5 2. Cf3-c5 3. d3** (un coup inhabituel) **Cc6 4. Cc3 Fg4 ! 5. g3 Ff3 ! 6. e × f e6 7. Fg2**

Diagramme 159

Le Fou « mort » c8 ! (il est prisonnier dans son propre camp)

f5 ! 8. 0-0 d4 (un jeu ravissant : le Fg2 est emprisonné dans son propre camp. La faiblesse e6 est facile à couvrir) **9. Cb1-b5 10. a4-b4 11. Cd2 Ca5 12. De2 Rf7 13. Te1 Dd7 14. Cc4 C × c4 15. d × c Cf6** et les Noirs (Dr Erdmann) dictent les événements. **II. 1. e3-e5 2. c4 Cf6 3. Cc3 Cc6 4. Cf3 Fb4 5. Fe2** (d4 e × d e × d d5 Fe2 avec jeu égal pouvait être envisagé) **5. ... 0-0 6. 0-0 Te8 7. a3 F × c3 8. b × c d6** – partie Nimzowitsch-Réti, Breslau 1925 – et les Blancs souffrirent durant toute la partie, à cause de l'infirmité du Fc1.

Pour illustrer notre deuxième point, nous donnons les positions des diagrammes 160 et 161. Le second nous montre un Cavalier bloqueur, dont l'activité est énorme dans le cas de pions doublés. Non seulement la valeur d'ensemble de la majorité noire est illusoire, mais chaque individualité de cette majorité semble en péril. Dans ces conditions, la majorité blanche gagne comme elle veut. Même en imaginant des Tours sur l'échiquier (Blancs Ta4 ; Noirs Td8 ou Fb6), la situation resterait totalement désespérée pour les Noirs. Cela permet de constater combien l'action d'un pion doublé est paralysante.

Diagramme 160

Si le pion c7 faisait défaut, les Noirs auraient un jeu très libre. Mais dans cette position, si on tient compte de la menace éventuelle Fb7, les Noirs sont à moitié pat

Diagramme 161

Un Cavalier bloquant un pion doublé a une activité terrible

d) Ma « variante spéciale » entièrement construite autour du handicap.

Il s'agit de 1. c2-c4 e7-e5 2. Cb1-c3 Cg8-f6 3. Cg1-f3 Cb8-c6 et maintenant 4. e2-e4. Déjà en 1924, j'avais essayé le coup 4. c2-c4 après 1. f4 c5 2. e4 Cc6 3. d3 (une idée du Dr Krause) ... g6, coup que je conçois comme devant handicaper une moitié de l'échiquier. Dans les *Nouveautés échiquéennes de Kagan,* 1925, p. 10, je faisais à propos de 4. c4 (après f4, c5, e4, Cc6, d3, g6), le commentaire suivant : « Comme ce coup n'est pas inspiré par l'espoir d'empêcher d7-d5, ni même de rendre ce coup plus difficile, il faut l'expliquer tout particulièrement : les Noirs veulent imposer la formation e7-e6-d7-d5. Après cela, ils pourront envisager d'achever leur formation d'attaque à l'aile-dame, par Cd4, et après C×d4 e5×d4, faire pression sur le pion c2 (sur la colonne c). Cet élargissement possible du jeu à l'aile-dame est préparé par le coup du texte. Le trou en d4 est de peu d'importance.

Lorsque je me demande aujourd'hui où j'ai puisé mon courage (car il faut du courage pour faire un coup ou prôner un plan qui va radicalement à l'encontre de la tradition), je crois pouvoir dire que c'est la façon intensive dont je m'occupais du problème du blocage qui m'y aida. Je cherchais sans relâche d'autres aspects de ce problème et c'est ainsi qu'à Dresde, en 1926, avec les Noirs, je me risquai après 1. e4-c5 2. Cf3 Cc6 3. Cc3, à jouer e5, un coup qui suscita alors un intérêt considérable. Ma « variante spéciale » 1. e4 e5 2. Cc3 Cf6 Cf3

Cc6 4. e4 n'est qu'un pas de plus sur le chemin que j'avais imaginé alors. D'autre part, l'intéressant théoricien Dr O. H. Krauze d'Oringe au Danemark, a consacré toute une étude à l'amalgame possible des coups e4 et c4. Indépendamment de mes analyses, il arrive paraît-il à des conclusions qui ressemblent pour une grande part aux miennes.

Passons à la présentation de parties et recommandons encore à l'amateur d'échecs ma monographie *Die Blockade**.

Partie n° 30

Illustre l'effet préventif et l'idée de la mobilité générale

Blancs : NIMZOWITSCH
Noirs : RUBINSTEIN

Dresde 1926

1. c2-c4 c7-c5
2. Cg1-f3 Cg8-f6
3. Cb1-c3 d7-d5
4. c4 × d5 Cf6 × d5
5. e2-e4 ...

Une de mes nouveautés qui prend son parti du pion d2 arrière, moyennant d'autres avantages.

5. ... Cd5-b4

C × c3 6. b × c g6 était préférable.

6. Ff1-c4 ! e7-e6

Une exploitation immédiate de la faiblesse d3 n'était pas possible, par exemple 6. ... Cd3 + 7. Re2 ! Cf4 + 8. Rf1 avec la menace d2-d4. Ou bien 6. ... Cd3 + 7. Re2 C × c1 + 8. T × c1 Cc6 9. Fb5 Fd7 10. F × c6, suivi de d4 et d'un jeu supérieur.

7. 0-0 Cb8-c6

a7-a6 nous paraît être meilleur mais, même dans ce cas, les Blancs conservent un léger avantage par a3 Cc6 d3, suivi de Fe3.

8. d2-d3 Cc6-d4

La menace était a3.

9. Cf3 × d4 c5 × d4
10. Cc3-e2 ...

Les Blancs sont maintenant très bien : la faiblesse d3 toujours présente est protégée, la mobilité générale de l'aile-roi blanche (f2-f4 !) est considérable et (ce qui est énorme), le Fc4 apparemment enfermé, joue un rôle préventif non négligeable (en interdisant un possible e6-e5).

10. ... a7-a6

Prévenant la menace Fb5 + Fd7 c × d4.

11. Ce2-g3 Ff8-d6
12. f2-f4 ...

Dg4 était très fort. Par exemple 12. Dg4 0-0 13. Fg5 ! Fe7 14. Fh6 Ff6 15. F × g7 F × g7 16. Ch5 ou encore 12. Dg4 0-0 13. Fg5 e5 14. Dh4 avec un sacrifice en vue sur g7 (Cg3-h5 × g7). Le mieux après Dg4 est de jouer Df6, par exemple 12. Dg4 Df6 13. f4, mais dans ce cas aussi, les Blancs ont un jeu écrasant. Le coup du texte étant moins violent, les Noirs égalisent presque.

* *Le blocage.*

12. ... 0-0
13. Dd1-f3 ...

Une attaque de mat directe n'est plus possible : par exemple 13. e5 Fc7 ! 14. Dg4 Rh8 15. Ch5 Tg8 16. Tf3 f5 ! 17. e×f e. p. g×f 18. Dh4 Tg6 19. Th3 De7 et les Noirs menacent de consolider par Fd7 et Tg8.

13. ... Rg8-h8
14. Fc1-d2 f7-f5
15. Ta1-e1 Cb4-c6

Rubinstein s'est habilement défendu. Les Blancs ont cependant toujours un atout en main : la colonne e.

16. Te1-e2 Dd8-c7

Mauvais ! Dans des positions resserrées, on ne doit faire cadeau d'aucune « possibilité de coup », aussi minime soit-elle ! Dd8-c7 laisse la possibilité Dd8-f6, après e×f e×f.

Il fallait donc jouer 16. ... Fd7. Et si 17. e×f (le meilleur) e×f 18. Tfe1, alors Df6 et les Noirs sont de toute façon mieux que dans la partie.

17. e4×f5 e6×f5

Après le dix-septième coup noir.

18. Cg3-h1 ...

Le Cavalier entame un long voyage dont le but est g5, pour soutenir, avec de nouvelles forces, le Fou préventif c4 qui vient de reprendre du service actif. Et, pendant ce temps, au milieu, la colonne e laissée à elle-même, livre un combat désespéré mais victorieux, pour s'affirmer. Cette vitalité de la colonne e représente la pointe de la manœuvre du Cavalier.

18. ... Fc8-d7
19. Ch1-f2 Ta8-e8
20. Tf1-e1 Te8×e2
21. Te1×e2 Cc6-d8

21. Te8 n'irait pas à cause de 22. Dd5.

22. Cf2-h3 Fd7-c6

Maintenant particulièrement, 22. ... Te8 négligerait des astuces combinatoires. Par exemple 22. ... Te8 23. Dh5 ! T×e2 24. Cg5 h6 25. Dg6 h×g 26. Dh5 mat.

23. Df3-h5 g7-g6
24. Dh5-h4 Rh8-g7
25. Dh4-f2 ...

Le roque noir est encore trop solidement défendu. C'est pourquoi les Blancs cherchent d'abord à désorganiser les forces adverses.

25. ... Fd6-c5
26. b2-b4 Fc5-b6
27. Df2-h4 ...

Revenant au thème précédent (comme dans un problème). Mais 27. De1 était aussi bon, par exemple De1 Fe4 28. Cf2 avec gain de pion par C×e4, etc.

27. ... Tf8-e8

Si Tf6, alors Cg5 h6 Ch7 ! et gain immédiat.

28. Te2-e5 ! Cd8-f7

Si 28. ... h6, alors 29. g4 avec une attaque terrible, par exemple 29. g4 f×g 30. f5 D×e5 31. f6+ D×f6 32. Dh6 mat. Ou bien 29. g4 g5 ? 30. f×g avec menace de mat sur h6. Après le coup du texte, les Blancs gagnent nécessairement et élégamment.

29. Fc4×f7 Dc7×f7

Si 29. ... **T×e5,** alors 30. f×e D×f7 31. Cg5 Dg8 32. e6 Fd5 33. Df4 et gain facile.

30. Ch3-g5 Df7-g8
31. Te5×e8 Fc6×e8
32. Dh4-e1 ! ...

Après le trente-deuxième coup blanc

Une remarquable position de perte pour les Noirs. Malgré le peu de matériel, il y a un mat dans l'air et il est forcé. D'où de savantes variantes...

32. ... Fe8-c6

Si 32. ... Rf8, 33. De5 Fd8 (ce qui reste de meilleur ; si 33. ... D×a2, alors 34. Df6+ Rg8 35. Ce6 ou 34. ... Ff7 C×f7 suivi de D×b6) 34. Ce6+ Re7 35. Dc5+ ! Rd7 36. Cf8+ ! On remarquera que les Blancs renoncent au trente-cinquième coup à l'échec à la découverte et regardez comme le Roi noir s'est empêtré au milieu de ses propres troupes !

33. De1-e7+ Rg7-h8

Si Rh6, bien sûr Ce6.

34. b4-b5 ...

Referme le nœud ! Si 34. ... a×b 35. Ce6 h5 ! 36. Df6+ Rh7 37. Cg5+ Rh6 38. Fb4 et mat.

34. ... Dg8-g7

Le désespoir.

35. De7×g7+Rh8×g7
36. b5×c6 gagne

Partie n° 31

Illustre le handicap d'un complexe doublé de façon particulièrement énergique

Blancs : NIMZOWITSCH
Noirs : ROSSELLI

Baden-Baden 1925

1. Cg1-f3 d7-d5
2. b2-b3 c7-c5
3. e2-e3 Cb8-c6
4. Fc1-b2 Fc8-g4
5. h2-h3 Fg4×f3
6. Dd1×f3 e7-e5

7. Ff1-b5 Dd8-d6
8. e3-e4 ...

Nous avons à faire ici à une situation remarquable, dont nous avons déjà eu l'occasion de parler plusieurs fois : on ne force pas immédiatement le complexe doublé (c7-c6) par un quelconque F × c6 b × c, mais on emprunte des détours pour le provoquer. En effet, après 8. F × c6 + ? b × c, on ne pourrait forcer l'adversaire obstiné à se résoudre à jouer d5-d4 (par exemple 8. F × c6 b × c 9. e4 Cf6, etc.).

8. ... d5-d4
9. Cb1-a3 ...

Menaçant Cc4 Dc7, F × c6 b × c et le pion doublé est une faiblesse évidente.

9. ... f7-f6
10. Ca3-c4 Dd6-d7
11. Df3-h5 + ...

La manœuvre de la Dame a pour but d'empêcher le grand roque adverse et non le petit, comme un premier coup d'œil pourrait nous le faire penser.

11. ... g7-g6
12. Dh5-f3 Dd7-c7

Pas 0-0-0 à cause de Ca5 et le coup défensif Cge7 est impossible en raison de D × f6.

13. Df3-g4 ! ...

Elle se réjouit du poste d'observation qu'elle a acquis. Cette manœuvre de Dame est hypermoderne.

13. ... Re8-f7

La menace était De6 + Rd8 (ou encore Fe7 Ca5) F × c6 et le pion doublé est hélas inévitable.

14. f2-f4 ! h7-h5
15. Dg4-f3 e5 × f4
16. Fb5 × c6 ...

Au bon moment, car la Dame ne peut reprendre, par exemple 16. ... D × c6 17. D × f4 Tae8 18. 0-0! D × e4 (T × e4 Ce5 +) 19. Dc7 + ! gagne (19. ... De7 20. Cd6 + suivi de C × e8).

16. ... b7 × c6

Les Blancs ont enfin atteint leur but, mais au prix d'un pion, ce qui ne joue d'ailleurs ici qu'un rôle secondaire.

17. 0-0 g6-g5

Car la position noire peut être « dynamitée » (cf. remarque précédente) ; les Blancs ne peuvent tolérer une stabilisation du jeu par Ce5. Pour « dynamiter » la position, trois coups de pions sont nécessaires : I. c3, II. e5, III. h4. Si les Blancs se contentent de deux de ces coups seulement, le travail ne sera fait qu'à moitié. Dans la partie, les trois coups seront joués.

18. c2-c3 Ta8-d8

Cette Tour a une liaison sérieuse ! (avec d4).

19. Ta1-e1 ! Cg8-e7
20. e4-e5 Ce7-f5
21. c3 × d4 ! Cf5 × d4

Si 21. ... c × d, e × f R × f6 De4 et Cg3 est impossible à cause de F × d4 + .

22. Df3-e4 Ff8-e7

A f6-f5, on aurait répondu par une retraite stratégique offensive tout à fait dans l'esprit moderne : Db1 !, par exemple 22. ... f5 23. Db1 ! Re6 (pour couvrir f5) 24. Dd3 ! suivi de Cd6 ! avec une attaque décisive.

23. h3-h4 ...

La position noire, rongée de toute part, s'écroule comme un château de cartes.

23. ... Dc7-d7
24. e5×f6 Fe7×f6
25. h4×g5 Abandon

Si 25. ... Fg7 26. Ce5+ F×e5 27. De5, la situation du Roi noir fait pitié à voir.

Partie n° 32

Illustre le handicap total et mérite de figurer à côté de « l'immortelle partie de Zugzwang » Sämisch-Nimzowitsch, Copenhague 1923. Personnellement, je préfère même la partie n° 32.

Blancs : JOHNER
Noirs : NIMZOWITSCH

Dresde 1926

1. d2-d4 Cg8-f6
2. c2-c4 e7-e6
3. Cb1-c3 Ff8-b4
4. e2-e3 0-0

Les Noirs ne veulent parvenir à un complexe doublé que dans une position qui leur soit avantageuse (cf. notre n° 31).

5. Ff1-d3 c7-c5
6. Cg1-f3 Cb8-c6
7. 0-0 Fb4×c3
8. b2×c3 d7-d6

Nos pronostics pour le complexe doublé c2-c3 donnent un très léger avantage aux Noirs. Toujours est-il qu'après 9. e4 e5 10. d5 Ca5, les Noirs n'ont pas obtenu gratuitement leur barricade, car le pion c noir serait bien mieux en c7 ! (cf. nos explications à propos du « complexe doublé » et une partie contre Janowsky).

9. Cf3-d2 !

Un plan solide ! Si 9. ... e5 10. d5 Ca5 le Cb3 ramènera à la raison le Ca5 trop entreprenant.

9. ... b7-b6
10. Cd2-b3 ? ...

Ce coup ne pressait pas. 10. f4 était meilleur. 10. ... e5 11. f×e d×e 12. d5 Ca5 13. Cb3 Cb7 14. e4 Ce8 et la faiblesse c4 (qui est aussi attaquable à partir de d6) est protégée par De2, pendant que les Blancs, de leur côté, usent la colonne f à l'aide de a2-a4-a5, comme base d'opérations. Le jeu serait alors à peu près égal.

10. ... e6-e5
11. f2-f4 ...

Puisque sur 11. d5 les Noirs jouent e5-e4 !, par exemple 11. d5 e4 12. Fe2 Ce5 ! ou 11. d5 e4 12. d×c e×d, avec l'avantage aux Noirs.

11. ... e5-e4

11. ... De7 était aussi possible et si 12. f×e d×e 13. d5 alors Cd8 14. e4 Ce8 et les Noirs ont avec Cd6 et f7-f6 une forte défense (cf. note du dixième coup).

12. Fd3-e2 Dd8-d7 !

Les Noirs admettent que l'aile-roi blanche est une majorité qualitative (les pions f, g et h). Le coup joué renferme un handicap très compliqué de cette dernière. Un handicap simple pouvait s'obtenir par 12. ... Ce8, par exemple 12. ... Ce8 13. g4 (ou 13. f5 Dg5) 13. ... f5 14. d×c ! (on remarquera « le Fou mort c1 » dont nous avons traité et on sera attentif au peu d'activité des pièces blanches dans le cadre d'une attaque à entamer sur la colonne g) 14. ... d×c 15. Dd5 + D×D 16. c×d Ce7 17. Td1 Cd6 et les Blancs sont légèrement plus mal.

13. h2-h3 Cc6-e7
14. Dd1-e1 ...

Si 14. Fd2, les Noirs s'assurent quand même l'avantage 14. Fd2 (menaçant Fd2-e1-h4) 14. ... Cd5 15. De1 (le meilleur, la menace était Cg3 suivi de l'échange de Fou, sur quoi c4 devenait particulièrement faible) 15. ... g6 et si 16. g4 Cg7 17. Dh4 alors 17. ... Cfe8 et le mouvement de pions est étouffé dans l'œuf, car, dans les prochains coups, f7-f5 est décisif. C'est donc toujours le même motif qui est en action : les pions doublés c3 et c4 empêchent les pièces blanches qui ont beaucoup de mal à se mettre en position pour une attaque à l'aile-roi.

14. ... h7-h5
15. Fc1-d2 ...

Dh4 est impossible à cause de 15. ... Cf5 16. Dg5 Ch7 17. D×h5 Cg3.

15. ... Dd7-f5 !

Si dirigeant vers h7 (!) où elle serait merveilleusement bien, menaçant de paralyser le jeu adverse par h5-h4. On avouera que la manœuvre Dd8-d7-f5-h7 est remarquablement conçue.

16. Rg1-h2 Df5-h7 !

17. a2-a4 Ce7-f5

Menaçant Cg4 + h×g h×g + Rg1 g3, etc.

18. g2-g3 a7-a5 !

Le pion arriéré b6 n'est pas un trop gros inconvénient.

19. Tf1g1 Cf5-h6
20. Fe2-f1 Fc8-d7
21. Fd2-c1 Ta8-c8

Les Noirs veulent forcer d4-d5 pour agir ensuite librement à l'aile-roi.

22. d4-d5 ...

Sinon Fe6 et d4-d5 est forcé.

22. ... Rg8-h8
23. Cb3-d2 Tf8-g8

Les Noirs passent à l'attaque. Dd7-f5-h7 était donc une manœuvre offensive ? Oui et non. Non, puisque l'idée était uniquement de paralyser les pions blancs. Oui, car chaque paralysie est le prélude logique à l'attaque, car chaque ensemble immobile tend à devenir une faiblesse et donc, tôt ou tard, la cible d'attaque.

24. Ff1-g2 g7-g5
25. Cd2-f1 Tg8-g7
26. Ta1-a2 Ch6-f5
27. Fg2-h1 ...

Les Blancs ont très habilement ramené toutes leurs troupes défensives.

27. ... Tc8-g8
28. De1-d1 g5×f4

Ouvre la colonne g mais donne à l'adversaire la colonne e, il fallait donc bien réfléchir avant de jouer ce coup.

29. e3×f4 Fd7-c8
30. Dd1-b3 Fc8-a6

31. Ta2-e2 ...

Saisissant sa chance. Le pion e doit être protégé. Un coup purement défensif comme 31. Fd2 aurait permis une belle combinaison : 31. Fd2 Tg6 ! 32. Fe1 Cg4 + 33. h × g g × h + 34. Rg2 F × c4 ! 35. D × c4 puis le coup paisible 35. ... e3 ! menace d'un mat en h3, qu'on ne peut parer que par C × e3..., ce qui coûte la Dame.

31. ... Cf5-h4
32. Te2-e3 ...

Je m'attendais bien sûr à 32. Cd2, car l'attaque du pion e4 représente la seule contre-chance blanche (cf. plus haut). La suite aurait alors permis un délicieux sacrifice de Dame : 32. Cd2 Fc8 33. C × e4 Df5 ! 34. Cf2 Dh3 + 35. C × h3 Cg4 mat. La pointe repose sur le fait que les coups Fc8 et Df5 ne peuvent en aucun cas être intervertis ; par exemple Cd2 Df5 ? (au lieu de Fc8 !) 33. Dd1 ! Fc8 34. Df1 et tout est protégé, alors que sur 32. ... Fc8 ! 33. Dd1, le coup 33. ... Fh3 ! détruit la clef de voûte de l'édifice blanc (34. R × h3 Df5 +, etc.).

32. ... Fa6-c8
33. Db3-c2 Fc8 × h3 !
34. Fh1 × e4 ...

34. R × h3 Df5 + 35. Rh2 et mat en trois coups.

34. ... Fh3-f5

Le meilleur, car h5-h4 est irrésistible ; après la chute de h3, toute défense est vaine.

35. Fe4 × f5 Ch5 × f5
36. Te3-e2 h5-h4
37. Tg1-g2 h4 × g3 + +
38. Rh2-g1 Dh7-h3
39. Cf1-e3 Cf5-h4
40. Rg1-f1 Tg8-e8 !

Un coup final très précis car la menace est maintenant : 41. ... C × g2 42. T × g2 Dh1 + 43. Re2 D × g2 + et les Blancs sont impuissants devant cette menace. Si 41. Re1, il y a mat par Cf3 + 42. Rf1 ou Rd1 Dh1.

Une des plus belles parties de blocage, qu'il m'ait été donné de jouer.

3.

Le pion-dame isolé et sa descendance

Nous pensons à la paire de pions isolés c6, d5 et aux pions c5 et d5.

Nous faisons meilleure connaissance avec la paire de Fous, qui est un peu surévaluée.

a) Le pion-dame isolé
(diagrammes 162-162 a)

A mon avis, le problème du pion-dame isolé est l'un des principaux problèmes du jeu positionnel en général. Il s'agit de déterminer la valeur d'un pion statique faible qui, mis à part sa faiblesse, témoigne d'une certaine force dynamique. « Dans quel sens penchera le plateau de la balance : faiblesse statique ou force dynamique ? » Posé ainsi, le problème devient plus intéressant et dépasse les étroites frontières du monde des échecs.

Il est indispensable que le débutant prenne lui-même position à ce propos, à partir de sa propre expérience. Qu'il essaye, avec les Blancs, d'atteindre la position dite « normale » c'est-à-dire 1. d4 d5 2. Cf3 Cf6 3. c4 e6 4. e3 c5 5. Cc3 Cc6, puisqu'il emprunte deux voies. 6. Fd3 c×d 7. e×d d×c 8. F×c4 et les Blancs ont un « Isolani » ;

Diagramme 162

Le pion-dame isolé
On remarquera les avants-postes e5 pour Blancs ; d5 pour Noirs

6. c×d e×d 7. d×c F×c5 et maintenant les Blancs ont à lutter contre un Isolani. C'est un admirable exercice.

Le débutant apprendra en effet beaucoup en faisant personnellement l'expérience du danger que représente un isolani, ennemi en milieu de partie, et en voyant comme il est difficile de sauver son propre Isolani en fin de partie. Quelques aspects instructifs qui sont le fruit de longues années d'examen accompagneront le débutant le long de ce chemin semé d'épines, mais que nous ne pouvons lui éviter car seule une expérience douloureuse peut amener ici à une prise de position authentique.

1. La force dynamique du pion d4
(diagramme 162 a)

Elle réside dans son envie d'expansion (= la tendance d4-d5) et dans le fait que ce pion couvre les avant-postes c5 et e5, préparant en quelque sorte leur occupation. En face de cela, l'avant-poste noir d5 ne représente pas une compensation suffisante (du moins en milieu de partie) car, mis à part la supériorité arithmétique (deux avant-postes contre un), les Blancs montreront qu'un Cavalier en e5 (diagramme 162) a une action bien plus grande que celle du Cavalier d5 adverse. Il est évident qu'un Cavalier e5, secondé par deux puissants Fous, contrôlant des diagonales actives (d3-h7 et g5-f6), fait pression sur le Roi adverse. Et que peut-il exister de plus actif qu'une attaque du Roi ? Ainsi, l'examen entrepris nous révèle que les Blancs sont incontestablement mieux.

Cependant, et cela est fort connu, notre pion sera une faiblesse en finale. Comment expliquer cela ? La difficulté réside-t-elle seulement en ce que d4 est difficile à couvrir ou devons-nous craindre d'autres calamités encore.

Diagramme 162 a

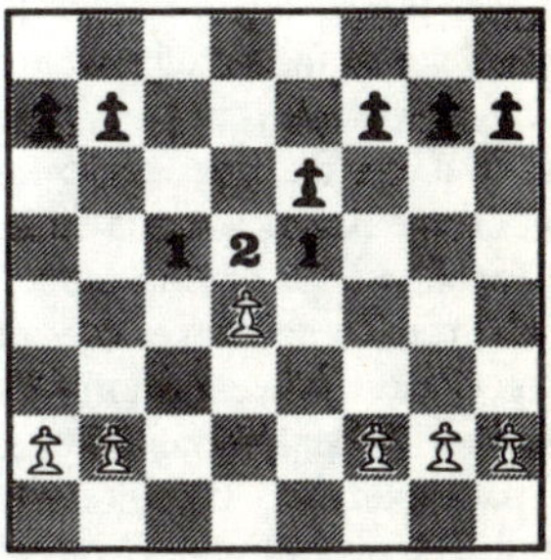

Schéma à propos du pion-dame isolé :
1. Signifie avant-poste blanc ;
2. Signifie avant-poste noir

2. L'Isolani est une faiblesse en finale

Le fin mot du problème que nous venons de soulever réside dans le fait que la valeur des cases e5 et d5 se trouve inversée en fin de partie (par rapport à ce qu'elles étaient en milieu de partie) ; comme il ne saurait plus être question d'une attaque contre le Roi, le point e5 perd beaucoup de son éclat ; mais le point d5 y gagne. Et, si les Blancs ne sont pas parvenus à s'introduire en c7 ou à gagner quelques autres atouts en milieu de partie, on peut considérer leur situation comme peu enviable. Les Blancs n'ont pas pour seul souci l'exigence de couvrir leur Isolani ; les cases blanches d5, c4, e4, peuvent rapidement devenir faibles. Qu'on considère par exemple le diagramme 162a, en imaginant, pour les Blancs, un Roi en c4 et un Fou en d2, pour les Noirs, un Roi en c6 et un Cavalier en e7. Les Noirs, par un échec du Cavalier, chassent le Roi blanc de c4, s'installent avec leur Roi en d5, puis continuent d'avancer (en e4 ou c4). Dans tous les cas, de cette façon, d5 est la case clef de la position noire ; c'est à partir de d5 qu'on bloquera, centralisera, manœuvrera, etc., d5 fait à la fois fonction de brèche où l'on s'engouffrera (voir l'exemple plus haut) et de nœud de communication pour tous les déplacements de pièces, par exemple (imaginons la position du diagramme 162a, plus des Tours et des Cavaliers) Td8-d5-a5 ou Cf6-d5-e7-f5 × d4 ou Cf6-d5-b4. Un Cavalier installé en d5 a une action souveraine sur les deux ailes. Un Fou installé en d5 peut souvent emporter la décision, même dans le cas de Fous de couleurs opposées (par exemple, s'il y a encore des Tours des deux côtés). Bien sûr, les atouts noirs peuvent être compensés ou même dépassés par certains atouts blancs ; par exemple, dans le cas d'une Tour qui se serait introduite en c7. Mais, de tels cas, sont l'exception qui ne fait que confirmer la règle.

En résumé : la faiblesse blanche en finale consiste, dans notre cas, en ce que d4 semble menacé, alors que le point d5 est extraordinairement fort et que les cases « blanches » d5, c4, e4, risquent de devenir faibles, tandis que la force primordiale des Blancs (leur point e5) a beaucoup perdu de sa raison d'être. La formation de pions blanche n'était pas compacte ; les malheurs que nous avons soulignés, comme l'affaiblissement d'un ensemble de cases d'une certaine couleur, etc., sont le corrélatif naturel d'une formation de pions non compacte (= éclatée).

Nous ne pouvons recommander assez au débutant d'entraîner son sens des formations compactes ou non compactes.

Soulignons enfin que ce n'est pas l'Isolani seul qui tend à devenir faible, mais tout l'ensemble des cases qui l'entourent et, c'est là que réside le pire des maux.

3. L'Isolani comme instrument d'attaque en milieu de partie

Solidité de la formation qui, à la première négligence de l'adversaire (par exemple, s'il a éloigné ses pièces de l'aile-roi), fait place à une terrible attaque.

Beaucoup de joueurs attaquent trop impétueusement, lorsqu'ils ont un Isolani. Mais, il me semble que rien ne justifie objectivement une telle attaque à tout va. Ce qu'il faut d'abord rechercher, c'est la solidité. L'attaque mûrira d'elle-même (par exemple, lorsque les Noirs retireront le Cavalier f6 de l'aile-roi pour le mettre en d5, ce qui est somme toute naturel). Au stade du développement (diagramme 162), nous recommandons la solide formation Fe3 (et non pas Fg5) De2, Tc1 et d1 (et non pas Td1 et e1), puis Fd3 ou b1 (mais non pas b3). On ne saurait mettre assez les Blancs en garde contre des tentatives d'attaques brutales, entreprises dès le début de la partie par Ce5 × f7 par exemple (imaginons un Fou en a2) ou Par une manœuvre de diversion de la Tour (Te1-e3-h3). Seule est convenable une formation solide, assurant la protection de d4 (le Fe3 est à d4, ce que la nourrice est au nourrisson).

Ce n'est que lorsque les Noirs auront éloigné leurs pièces de l'aile-roi, que les Blancs pourront déclencher leur attaque. Ils pourront mener leur attaque en sacrifiant s'ils le désirent. Regardons le diagramme 163 ; les Blancs se sont développés comme nous le préconisions, le coup Noir Cf6-e8 va leur donner toutes sortes de possibilités de passer à une attaque directe du Roi. Le résultat, dans ce cas précis, est incertain, mais nous donnons quelques variantes car elles sont caractéristiques de toutes les positions avec Isolani. Qu'on en juge :

Diagramme 163

Nimzowitsch-Taubenhaus

Les Noirs au trait jouèrent Cf6-e8 (pour aller en d6). C'est le « signal de l'attaque » pour les Blancs. Comment cette attaque commence-t-elle et comment se déroule-t-elle ?

19. ... Ce8 20. Dh5 g6 (si 20. ... f5 21. Fg5) 21. Dh6 Cg7 (ou 21. ... f6 22. Cg4) 22. Fg5 ! (les pièces sortent de la réserve !) 22. ... f6 22. Fg6 h × g 23. C × g6 et maintenant deux variantes sont possibles, selon que la Dame se rend en d7 ou d6. Dans le premier cas, on peut envisager

25. Fh4 ! ou le coup de combinaison 25. F × f6 par exemple 24. ... Dd7 25. F × f6 C × f6 26. Dh8 + Rf7 27. Ce5 + Re8 28. C × d7 T × h8 29. C × f6 + avec trois pions pour la pièce sacrifiée. A 24. ... Dd6 (au lieu de Dd7), les Blancs peuvent continuer leur festival par 25. Dh8 + Rf7 26. Dh7 f × g 27. Ce5 + Re8 28. D × g7 De7 29. Dg6 + Rd8 30. Tc6, avec de très romantiques complications. Répétons donc : bâtir solidement la position, soutenir l'Isolani (Fe3 !) et n'attaquer que lorsque l'occasion s'en présentera.

4. Qu'est-ce qui est favorable aux Blancs, qu'est-ce qui est favorable aux Noirs ?

Voici ce qu'on peut dire : les deux faits suivants sont profitables aux Blancs :

I. Les Blancs sont parvenus à jouer d4-d5 e6 × d5 et à reprendre avec une pièce en d5. Ils ont les meilleures chances, car leur position est plus centrale (Rubinstein-Tartakower, Baden-Baden 1925) ;

II. Les Blancs ont pris possession de la colonne c (cf. Nimzowitsch-Taubenhaus).

Les cas profitables aux Noirs, sont :

I. Toutes les situations présentant des caractères de fin de partie (toutes choses égales par ailleurs, bien sûr) ;

II. Les cas où les Noirs ont joué Cd5 × c3, b2 × c3, ce qui leur permettra de fixer c3 et de l'assiéger (se référer à la partie nº 11, vol. I et au commentaire du quatorzième coup dans la partie nº 33).

5. Quelques mots encore à propos de l'apparition d'une faiblesse réflexe dans la formation de pions de l'aile-dame blanche

Un indice qui révèle la faiblesse de l'Isolani est la possibilité pour l'attaquant de transmettre dans bien des cas son attaque de pion à toute l'aile-dame. Nous pouvons observer un exemple d'une telle « faiblesse réflexe » dans la partie nº 23. Elle se révèle aussi dans la partie suivante :

Blancs : Rubinstein ; *Noirs :* Dr Lasker, Moscou novembre 1925. Après les coups **1. d4 d5 2. c4 c6 3. e3 Cf6 4. Cc3 e6 5. Cf3 Cbd7 6. Fd3 d × c 7. F × c4 b5 8. Fe2 a6 9. 0-0 Fb7 10. b3 Fe7 11. Fb2 0-0 12. Ce5 c5 13. Ff3 Dc7 14. C × d7 C × d7 15. Ce4 Tad8 16. Tc1 Db8**

17. De2 c×d 18. e×d Tc8 19. g3 Da8 20. Rg2 Tfd8 21. T×c8 T×c8 22. Tc1 T×c1 23. F×c1 h6, on assista à une intéressante exploitation stratégique de la faiblesse d4. La suite fut **24. Fb2 Cb6 25. h3** (comme ils veulent éviter l'échange des Dames, Dc2 Dc8 ! ne servirait à rien) **25. ... Dc8 26. Dd3 Cd5 !** menaçant Cb4 **27. a3 Cb6 !** (b3 est maintenant faible) **28. Rh2 Fd5 29. Rg2 Dc6 30. Cd2 a5 ! 31. Dc3** (acculés dans leurs derniers retranchements, les Blancs consentent à échanger les Dames, mais vont succomber en raison de leur « faiblesse réflexe ») **31. ... F×f3 + 32. C×f3 (D×f3 échouerait à cause de Dc2, Db7, Cd5 !) 32. ... D×c3 33. F×c3 a4 !** (la faiblesse de l'aile-dame devient patente **34. b×a b×a** et les Blancs perdent, car la tentative de s'en sortir par **35. Fb4** échoue à cause de **F×b4 36. a×b a3 37. Cd2** et maintenant **Cd5 !** qui empêche le rapprochement du Roi blanc par e2, d3, c4 (à Re2, les Noirs répondraient Cc3 +). Cette remarquable finale est digne d'attention pour la transmission de l'attaque et la magistrale mise en valeur de la case d5.

A propos du siège auquel il faut soumettre l'Isolani, je voudrais encore dire que nous ne pensons plus aujourd'hui, qu'il soit nécessaire d'immobiliser totalement l'Isolani adverse ; au contraire, nous aimons lui laisser quelque liberté de manœuvre et lui donnons ainsi l'illusion qu'il est libre, au lieu de le mettre en prison.

L'exemple suivant va montrer comment nous nous y prenons :

Blancs : Lasker (qui, pour nous, est un moderne) ; *Noirs* : Tarrasch, jouée en 1914. **1. d4 d5 2. Cf3 c5 3. c4 e6 4. c×d e×d 5. g3 Cc6 6. Fg2 Cf6 7. 0-0 Fe7 8. d×c F×c5 9. Cbd2** et l'Isolani a maintenant le choix : devenir faible en d5 ou en d4, Tarrasch choisit la seconde solution : **9. ... d4 10. Cb3 Fb6 11. Dd3 ! Fe6 12. Td1 F×b3 13. D×b3 De7 14. Fd2 0-0 15. a4 Ce4 16. Fe1 Tad8 17. a5 ! Fc5 18. a6 b×a** (si b6, alors Da4 avec la menace b4) **19. Tac1.** Maintenant toutes les pièces qui protègent l'Isolani sont en l'air. L'Isolani ressemble à un débiteur assailli de dettes, qui serait arrivé à convaincre quelques naïfs de parler en sa faveur (ici Fc5 et Cc6). La suite fut : **19. ... Tdc8 20. Ch4 Fb6 21. Cf5 De5 22. F×e4 D×e4 23. Cd6** et gain de la qualité. L'Isolani représente une arme non négligeable en milieu de partie, mais peut devenir très faible en finale.

b) La « paire de pions isolée »

Dans la position du diagramme 164, les Noirs peuvent échanger sur c3. S'ils arrivent par la suite à maintenir les pions adverses en a3 et d4, pour finalement les bloquer totalement, on pourra dire qu'ils auront justifié leur stratégie douteuse et un peu aventureuse (C × c3). Car, les pions blancs immobilisés près de la ligne frontière gênent beaucoup le mouvement des pièces. Une autre gêne est la nécessité de protéger les pions c3 et d4, qui est encore accrue par le manque d'espace. J'appelle les pions bloqués en c3 et d4 (resp. d5 c6) « la paire de pions isolée ». On trouvera des exemples dans notre partie nº 11.

Diagramme 164

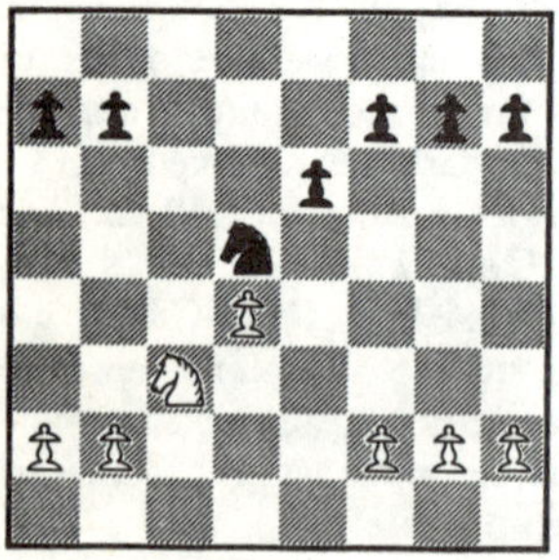

La naissance de la « paire de pions isolée » c3, d4 (1. ...Cd5 × c3, 2. b2 × c3)

Les choses vont tout autrement si l'adversaire assiégé arrive à avancer son pion c3, obtenant la formation c4, d4. Cette formation n'est plus du tout une « paire de pions isolée ». Nous les appellerons « pions pendants ».

Le choix à faire entre une « paire de pions isolée », généralement peu mobile, et les deux pions pendants ne saurait poser de problème. Naturellement, les « pions pendants » sont de loin préférables, ne serait-ce qu'à cause des menaces qu'ils recèlent ; et même si ces menaces ne sont qu'illusions (ce qui doit encore être prouvé), il est tout de même de rigueur de préférer une initiative douteuse à une totale passivité qui, elle, ne laisse pas de doute quant à son issue (comme nous avons pu le voir dans la partie nº 11, à propos d'une « paire de pions isolée » bloquée). Le postulat suivant a donc valeur de règle :

Le joueur qui a « la paire de pions isolée : (diagramme 164, après Cd5 × c3 b2 × c3) doit tout faire pour permettre la poussée c3-c4 ; pour rien au monde, il ne doit accepter de se faire enfermer (= bloquer). La pesante figure c3 d4 n'est qu'une forme passagère sur la voie de la forme c4 d4, aérienne et mobile, avec ses éternelles menaces c4-c5 ou d4-d5.

Nous donnons à présent un exemple où les Noirs (qui ont la « paire de pions isolée ») luttent pour parvenir à c6-c5. *Blancs :* Nimzowitsch ; *Noirs :* J. Giersing et

S. Kinch, Copenhague 1924. **1. c4 e5 2. Cf3 Cc6 3. d4 e×d 4. C×d4 Cf6 5. C×c6 b×c 6. g3 d5 7. Fg2 Fb4+ 8. Fd2 F×d2+ 9. C×d2 0-0 10. 0-0 Tb8 11. Dc2** (les Blancs évitent b2-b3, puisqu'ils veulent « transiter » par b3, par exemple Cb3 ou Dc2-a4) **11. ... Te8 12. e3 Fe6 13. c×d** (Cb3 d×c 14. Cd4 pouvait être considéré) **13. ... c×d** (les Noirs ont maintenant la fameuse « paire de pions isolée » – la figure c7-d5 méritant le nom à plus juste titre encore que la figure c6-d5 et cherchent très justement à jouer c7-c5) **14. Cb3 Db6 15. Tfc1 Tec8 16. Dc5 D×c5 17. T×c5 Cd7! 18. Ta5** (pour faire après Tc1 le blocage chronique) **18. ... c5! 19. T×a7 c4 20. Cd4 T×b2 21. C×e6 f×e 22. T×d7 c3** (les Noirs ont obtenu la mobilité de leur pion c en sacrifiant une pièce ! et les Blancs ne peuvent forcer le gain) **23. Fh3 c2 24. Fe6+ Rf8 25. Tf7+** (Ff5 était également possible) **Re8 26. F×c8 Tb1+ 27. Rg2 T×a1** (ou bien 27. ... c1 D, T×T D×T Tf4) **28. Tc7 c1D 29. T×c1 T×c1** et nulle au quarante-deuxième coup.

c) Les pions pendants

Ce que nous pouvons tirer de leur arbre généalogique. L'avance dans une position bloquée

Le périple de la constitution des deux pions pendants est présenté dans les diagrammes 165, 166 et 167. Un simple coup d'œil nous suffit pour voir qu'ils nous viennent de l'Isolani ; l'arbre généalogique des pions pendants nous mène directement à l'Isolani, leur premier ancêtre. Cette opinion, dont la validité peut être prouvée, sera bienvenue car elle nous permettra de pénétrer les motifs assez obscurs des « pions pendants », en nous reportant à leur ancêtre bien plus accessible ; bref, l'histoire de la famille doit nous permettre de comprendre un membre particulièrement bizarre de la famille. Les « pions pendants » ont hérité de leur grand-père (= l'Isolani) un trait de caractère essentiel : le mélange curieux de faiblesse statique et de force dynamique. Cependant, ces tendances étaient très apparentes dans le cas de l'Isolani (rappelons-nous : l'Isolani noir d5 a besoin de protection, puis la case d4 et les cases voisines c5 e5 peuvent devenir des faiblesses ; la force résidant par contre en ce que e4 et c4 tendaient à devenir des avant-postes (sans compter la menace d'une poussée éventuelle d5-d4), alors qu'elles sont dissimulées dans le cas des « pions pendants ».

Mais, de leur nature hautement problématique, deux choses sont à considérer :

1° Les pions pendants (par exemple dans le diagramme 167) ne sont pas protégés par des pions et ils sont d'autant plus sensibles à la menace qui émane des colonnes ouvertes ;

2° Les possibilités de parvenir à une position à peu près sûre sont très nombreuses (je veux dire une position où les deux pions pendants se couvrent l'un l'autre, par exemple e5/d4 ou d5/c4, diagramme 167).

De l'Isolani aux pions pendants

Une pièce en trois tableaux, d'après la partie Rubinstein-Nimzowitsch, Karlsbad 1907

Voilà comment poser le problème : si la possibilité que nous évoquions d'atteindre une véritable sécurité ne peut être obtenue qu'en abandonnant toute initiative au centre, si les pions « en sécurité » peuvent être bloqués par l'adversaire, n'est-il pas préférable de renoncer à cette position « sûre » et de continuer à laisser pendre ?

Il n'est pas facile de répondre. Cela dépend de la situation du moment, c'est-à-dire de la manière dont interviendra le blocage. Je

Diagramme 166

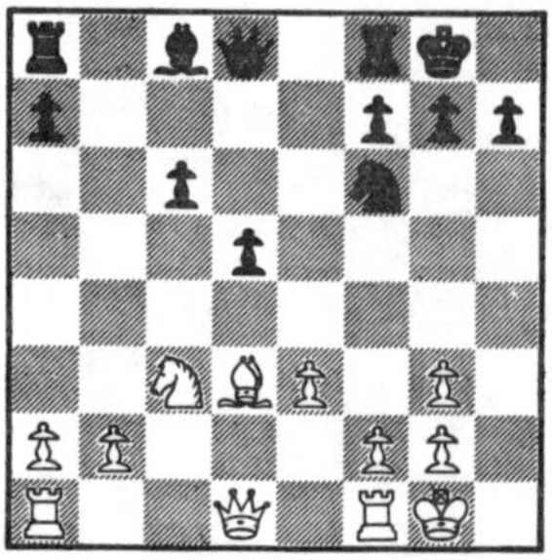

Deuxième tableau : la paire de pions isolée

Diagramme 165

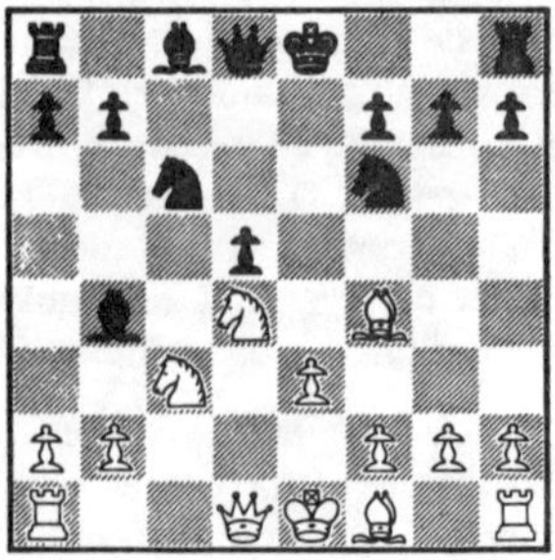

Premier tableau : « l'Isolani »

Diagramme 167

Troisième tableau : les deux pions pendants

voudrais montrer que la « sécurité » dans laquelle peut se bercer un complexe bloqué, est très incertaine : des pions bloqués deviennent rapidement des faiblesses. Malgré cela, il semble indiqué, dans certains cas, de pousser les pions pendants, constituant ainsi une position bloquée. Ces cas sont les suivants :

1° Les pions appartenant à la masse de blocage ennemie sont susceptibles d'être attaqués (cf. le pion b2, Rubinstein-Nimzowitsch 1907) ;

2° Le blocage revient trop cher à l'adversaire (c'est-à-dire que les moyens devant être mis en œuvre sont trop considérables, ou bien les bloqueurs sont, pour une raison ou une autre, impropres (manquent d'élasticité ou de capacité de menacer depuis leur case, cf. p.).

C'est exactement le contraire qui se passe dans les positions des diagrammes 168 et 169. Ici, la sécurité « bloquée » se révèle un leurre. Les pions avancés deviennent faibles. La raison en est dans l'habileté du bloqueur. La vérité semble donc être la suivante :

– de même que notre estimation de la valeur de l'Isolani blanc d4 était fonction de son plus ou moins grand degré d'initiative (d'une manière ou d'une autre, il fallait tenir compte des avant-postes couverts par le pion) ;

– de même nous pensons devoir réclamer un minimum d'initiative de la position « bloquée », à laquelle sont parvenus les pions pendants. La morne passivité est sans espoir.

Diagramme 168

Cohn-Duras
(Karlsbad 1911)

La mise en sécurité des deux pions pendants était très relative. c5 est faible, mais d4 est un pion passé

Diagramme 169

Le pion d4 est le résultat des deux pions pendants c5 et d5. Bien avant, voici ce qui se passa : d5-d4, e3 × d4, c5 × d4. Maintenant, le pion d4 est bloqué par Re2-d3 et les Blancs sont mieux

Quelques exemples :

Partie Rubinstein-Nimzowitsch, diagramme 167. **15. Da4 Db6** (les Noirs « s'obstinent ») **16. Da3 c4!**

(choisissant la « sécurité bloquée », mais la masse de blocage – pion b2 – est attaquable). L'avance noire était donc justifiée. **17. Fe2 a5 18. Tfd1 Db4 19. Td4 Tfd8 20. Tcd1 Td7 21. Ff3 Tad8 22. Cb1** (mieux valait un comportement d'attente par exemple 22. Td4-d2, etc.) **22. ... Tb8 23. Td1-d2 D×a3 ! 24. C×a3 Rf8 25. e4** (ce qui conduit finalement à une perte de pion ; mais, les Blancs étaient mal de toute façon. L'équilibre qui existait encore au vingt et unième coup – les deux faiblesses d5 et b2 se compensaient –, a fait place à une disproportion évidente : b2 est devenu encore plus faible, alors que d5 par contre a été surprotégé) **25. ... d×e 26. T×d7 C×d7 27. F×e4 Cc5 28. Td4** (ou bien 28. Fc6! Tb4 29. Fa5 Ca4 avec avantage aux Noirs) **28. ... C×e4 29. T×e4 T×b2 30. C×c4 Tb4 31. Cd6 T×e4 32. C×e4 F×a2** et les Noirs gagnèrent.

Bien plus souvent, le coup joué dans la pratique des tournois est d5-d4 resp. d4-d5 (à partir de la position pendante e4, d4). Ainsi, de façon très originale, une boucle est bouclée : de l'Isolani, en passant par les pions pendants, à l'Isolani. Il s'agit de savoir si l'Isolani, nouvellement apparu, saura s'affirmer. Nimzowitsch-Tartakower, Copenhague 1923. **1. Cf3 d5 2. b3 c5 3. e3 Cc6 4. Fb2 Fg4 5. Fe2 Dc7 6. d4 c×d 7. e×d e6 8. 0-0 Fd6,** Les Noirs jouent l'attaque dans un gambit-dame refusé. **9. h3 F×f3 10. F×f3 Cf6 11. c4! d×c 12. b×c 0-0 13. Cc3.** Dans le sens de la conservation, on pouvait adopter la formation Cd2-b3 suivi de De2 et Tc1 et d1. Mais je voulais « réaliser » (par d4-d5) **13. ... Tfd8 14. Cb5 De7 15. De2 Fb8 16. d5 e×d 17. D×e7 C×e7 18. F×f6 g×f 19. c×d Fe5! 20. Tab1** et, non seulement le pion d a pu s'affirmer, mais durant toute la partie, il constitua une compensation non négligeable pour la majorité noire à l'aile-dame. Tartakower la négligea cependant et perdit.

La chose fut moins simple pour le joueur ayant les pions pendants dans la position du diagramme 170.

Diagramme 170

Bernstein-Teichmann
(Karlsbad 1923)
Une élégante pirouette des Noirs

17. Da3 Ce4 18. Td3 Tfd8 19. Tfd1 De6 20. Cd2 Db6 21. Cf1 Cf6 22. Cg3 Tac8 23. h3 h6 24. Ce2 Td7 25. Cc3 De6 26. Da5 d4! (fatigués des menaces incessantes les Noirs cherchent à substituer à la « position pendante » la position que nous avons appelée de « sûreté bloquée », il s'en faut de peu pour que cela ne tourne mal pour eux) **27. e×d c×d 28. Cb5** (comment sauver maintenant le nouvel Isolani ?) **28. ... Df5!** (suivent quelques parades appropriées) **29. Da4! Tc1! 30. T×c1 D×d3 31. Tc8+ Rh7 32. Dc2 D×c2 33. T×c2 d3! 34. Td2** (le pion d3 semble constamment en danger) **34. ... Ce4! 35. Td1 Tb7** (liquidation totale!) **36. Cc3 C×c3 37. b×c Tb2 38. T×d3 T×a2** nulle. Le débutant notera la façon de protéger indirectement le pion d. Ce stratagème est un atout de plus pour le défenseur qui veut se sortir de la misère que sont les pions pendants.

En somme, la position pendante doit être considérée comme une situation passagère ; le seul problème est de trouver le moment indiqué pour liquider cette situation. D'habitude, le défenseur joue un coup ou deux trop tôt, en voulant éviter de s'obstiner, puisque la conscience de flotter en l'air n'est pas très agréable. Quoi qu'il en soit, voici un conseil : « lorsque vous êtes sur le point de "réaliser" vos pions pendants, ne le faites pas tant que vous ne percevez pas derrière la position de sûreté bloquée que vous ambitionnez l'ombre d'une initiative ; vous ne devez jamais vous laisser aller à une situation bloquée : mieux vaut encore continuer à flotter ».

Et, maintenant, tournons-nous vers les Fous.

d) Les Fous

La fière paire de Fous – jusqu'à présent, on a appelé ainsi les deux Fous – est, aux mains de l'initié, une arme terrible. Et, pourtant, j'avoue avoir nourri un moment la pensée impie de ne pas consacrer de page de mon livre à ce problème. *Mon Système,* pensais-je, ne connaît que deux choses qui méritent un examen approfondi : les éléments et les stratagèmes. Par exemple, l'Isolani, qui nous semblait de certaine façon lié au problème du handicap, nous paraissait être un stratagème. Mais où placer les fiers coursiers ?

La question que nous venons de soulever ne peut être balayée d'un geste comme frivole ou anecdotique. Elle présente un intérêt théorique certain. Il serait trop long d'expliquer cela plus avant ; je me contenterai de révéler le résultat : je suis arrivé à une conception, selon laquelle, l'avantage des deux Fous n'est à considérer ni comme élément ni comme stratagème : les deux Fous sont et restent définitivement pour moi une sorte d'arme. La mise à l'épreuve des armes les plus diverses et la mise au point de leur juste emploi n'est pas du tout le projet de ce livre (par contre, Berger a fait de ces aspects le leitmotiv de son livre sur les finales). Malgré cela, il est juste que je révèle, autant que possible, au lecteur, les dangers que recèle la paire de Fous ennemie. C'est à quoi je vais m'employer.

La supériorité du Fou sur le Cavalier est particulièrement éclatante dans le groupe de positions suivantes :

Chaque partenaire possède un ou plusieurs pions passés soutenus par le Roi (diagramme 171) ; le Fou gagne car il est souverain lorsqu'il s'agit d'empêcher l'avance des pions passés adverses (tout au moins il arrive à la ralentir).

L'avance noire qui intimide le Fou se développe ainsi (diagramme 171a) 1. ... Ca5 + 2. Rc3 Ra4 3. Ff2 Cc6 4. Fe3 Ca7 5. Ff2 Cb5 + 6. Rd3 Rb3 puis, finalement, un échec sur b4 ou b2 permettra au Roi noir de s'emparer de la case c4.

Les cas des diagrammes 171 et 171a sont à considérer comme deux extrêmes entre lesquels s'échelonnent tous les autres cas : longue portée, voilà l'avantage ; faiblesse sur les cases de couleur opposée, voilà le gros désavantage dont souffre le Fou.

Diagramme 171

Supériorité du Fou au long rayon d'action, sur le Cavalier qui manque d'air. Mais les Noirs étaient également perdus si leur Cavalier était en c3 ou d4 ou encore en f8

Diagramme 171 a

Les Blancs succombent à cause de leurs faiblesses sur les cases blanches

Par contre, le jeu du diagramme 171a révèle la faiblesse essentielle du Fou : lorsqu'il s'agit de défendre du terrain, il est d'habitude impuissant, car comment un Fou noir couvrira-t-il des cases blanches !

Encore un mot ! La position : *Blancs :* Fg2, c5 ; *Noirs :* Cb8, c6 (avec d'autres pièces et d'autres pions) est aussi peu convaincante pour prouver la supériorité du Fou sur le Cavalier que ne l'est la position : *Blancs :* e5 Fb4 ; *Noirs :* c6 Ce6, pour montrer sa prétendue infériorité. Dans les deux cas, c'est la supériorité stratégique (c'est-à-dire l'avantage de la position active des pièces par rapport à celle passive de l'adversaire, dont nous avons parlé par ailleurs) qui est déterminante et non la supériorité d'une sorte d'arme particulière.

Résumons : la faiblesse essentielle du Fou réside dans son incapacité à couvrir les cases qui ne sont pas de sa couleur, sa force essentielle étant sa longue portée. Et, tout à coup, nous comprenons pourquoi la paire de Fous est aussi forte. C'est évident : la force est dédoublée, alors que la faiblesse de l'un est neutralisée par l'autre.

Il est pratiquement impossible de présenter toutes les situations où les deux Fous deviennent gênants. Mais, nous voulons essayer de répertorier les principales.

1. Les Fous de Horwitz : on appelle ainsi deux Fous qui occupent deux diagonales voisines (par exemple Fb2 et Fd3) et cannonent de concert le roque ennemi. Leur effet est souvent décisif : un Fou force un coup de pion adverse qui ouvre le champ à l'autre (diagramme 172. 1. De4 force le coup affaiblissant g7-g6, sur quoi le Fou f2 aura une action décisive). Le processus est semblable dans la partie qui suit : **1. e4 e5 2. d4 e×d 3. c3 d×c 4. Fc4 c×b 5. F×b2 Fb4 + 6. Cc3 Cf6 7. Ce2 C×e4 8. 0-0 C×c3 9. C×c3 F×c3 10. F×c3 0-0.** Les Noirs ont roqué et se sentent armés jusqu'aux dents

Diagramme 172

1. D-e4 provoque la poussée du pion g et facilite ainsi la tâche du Ff2

contre 1. d4 (Dg5) ou Dg4 (g6) mais ils ont oublié la collaboration des Fous de Horwitz. **11. Dg4 ! g6** et maintenant seulement Dd4 avec mat inévitable. Le rôle du Fc4 est évident : il cloue le pion f7. Les Fous du diagramme 173 représentent une variante particulièrement noble des « Fous de Horwitz » ; pas de trace d'une attaque du Roi, mais la

Diagramme 173

Schéma : deux Fous attaquent une masse de pions avec l'intention de s'installer

désagréable attaque sur a7 (je n'ai porté sur les diagrammes que les pièces importantes) va forcer les Noirs à adopter la formation a7, b6, c5. La place est donc libre pour l'autre Fou, car après a4, b3, le Fou possède les cases a6, b5, c4. La majorité noire est paralysée. On trouve souvent ce genre de stratagème dans les parties de Maróczy.

2. Une masse de pions, qui n'a nullement besoin d'être une majorité, se met en branle, dirigée par une paire de Fous, et avance, jusqu'à coincer le Cavalier adverse. On prendra comme exemple la partie Richter-Tarrasch (diagramme 174) **19. ... c5 20. Cg3 h5 21. f3** (se

Diagramme 174

Tarrasch (qui joue avec les Noirs) enferme les Cavaliers

défendant sans savoir : si les Cavaliers ne veulent pas être complètement dominés, ils doivent lutter pour conserver une place. Ensuite, on pourra jouer 21. a4 suivi de Cc4) **21. ... Fd7 22. Te2 ? b5 ! 23. Tae1 Ff8 ! 24. Cge4 Tg8** (pour jouer f5) **25. Cb3 Tc8 26. Ced2 Fd6 27. Cc4 Ff8 28. Ced2 f5 29. Te5 Fd6 30. Te2** (ou Td5 ? Tg6) **Ta8** (maintenant c'est le pion a qui va avancer). **31. Ca5 Tab8** (sinon Cb7 réduira à néant tous les efforts d'encerclement) **32. Cab3 h4 33. Rh1 Tg6 34. Rg1 Fe6** (le verrou que constituaient les Fous d6 et d7 sur la colonne e était jusqu'à ce coup précis plutôt de type idéal ! **34. ... Fe6** change le « verrou idéal » en un verrou réel. Cela correspond au processus que nous avons mis à jour précédemment : remplacement d'un handicap idéal par un arrêt mécanique (blocage).

Voilà le sens stratégico-théorique de la manœuvre. Son sens pratique, par contre, réside, comme le remarque justement Tarrasch, en ce que deux nouvelles possibilités apparaissent :

1° Rf7-e7-d7 ;

2° a6, Tc8 puis Fd6-b8-a7 et finalement c5-c4. Il faut insister sur le fait que c5-c4 est vraiment l'idée du plan, on comprendra pourquoi dans le commentaire du trente-huitième coup Noir.

35. Tf2 Ta8 !? (faisant des infidélités à son plan c5-c4 et cherchant à nouveau à rendre possible a7-a5 ; il y parvient d'ailleurs grâce à une faute de son adversaire qui omet de jouer une fine parade. Bien sûr, c'est très bien de jouer a5-a4 et de forcer l'adversaire à la retraite, mais il ne faut jamais aller jusqu'à subordonner le plan principal à une simple idée. **36. Tfe2 ?** (une faute très grave ! Comment peut-on tranquillement tolérer a4-a5 ? Tarrasch indique la variante 36. Ca5 Fc7

37. Cb7 Ff4 utilisant le gain de temps Fe3 pour jouer Tc8 suivi de c5-c4. Mais il n'a pas vu une défense cachée 37. ... Ff4 38. C×c5 ! Fe3 39. c2-c4 ! et les Noirs ne peuvent pas gagner car l'aile-dame blanche est solide et les cases noires – par exemple c5 pour le Cavalier – ne sont pas négligeables. Une variante plausible serait 39. c4 ! b×c 40. d×c Tc8 41. b4 ! Tc7 42. Rf1 F×f2 43. R×f2 et les Blancs sont bien) **36. ... a5 37. Cdb1 a4 38. Cb3-d2**

Diagramme 174 a

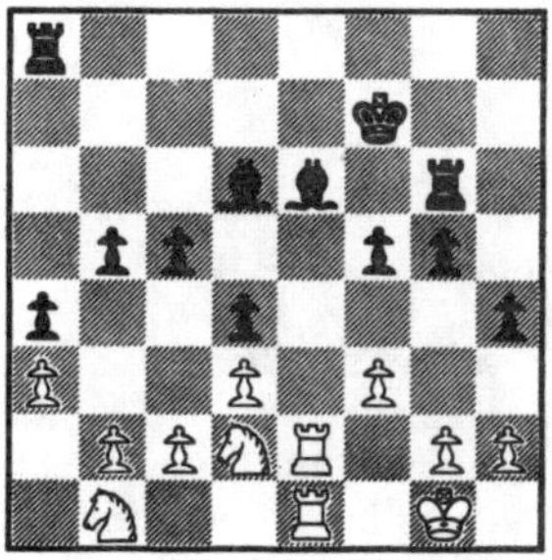

L'emprisonnement réussi

puis vient la percée qui doit logiquement arriver car les Noirs ont une majorité qualitative indéniable (qu'on imagine encore les pions e4, blanc, et e5, noir, et la chose sera tout à fait claire). La possibilité de la percée est encore facilitée ici par la position lamentable du Cavalier et par la grande surface de choc (= le front élargi des quatre pions) **38. ... c4 39. Cf1 Tc8 40. Rh1 c3 41. b×c d×c 42. Ce3 b4** (tout va de soi-même). Les Blancs abandonnèrent au quarante-septième coup.

3. Mise à l'étroit du Cavalier, tout en attaquant une majorité de pions.

C'est une tâche bien difficile, dira-t-on. Pour la mener à bien, il faut de grandes connaissances techniques. Eh bien, pas du tout ! Celui qui possède l'art de bloquer et de handicaper des formations de pions ennemies, constatera rapidement avec soulagement que cette opération est plus simple à mener que celle décrite précédemment. On pourrait dire, en vérité, que le handicap réussi d'une majorité de pions entraîne automatiquement la mise à l'étroit du Cavalier ; je veux dire que les pions bloqués deviennent facilement des verrous pour les Cavaliers ; comme dans l'exemple suivant :

Blancs : Harmonist ;
Noirs : Dr Tarrasch, 1889.

1. e4 e5 2. Cf3 Cc6 3. Fb5 Cf6 4. 0-0 C×e4 5. d4 Cd6 6. F×c6 d×c 7. d×e Cf5 8. D×d8+ R×d8 9. Fg5+? Re8 10. Cc3 h6 11. Ff4 Fe6 (la majorité blanche est peu mobile) **12. Ta1 d1 Tad8 13. Ce4 c5 14. T×d8+ R×d8 15. Td1+ Rc8 16. h3 b6 17. Rf1 Fe7 18. a3 Td8 19. T×d8 R×d8** (l'échange de Tours effectué a nettement augmenté le rayon d'action du Roi) **20. c3 Fd5 21. Cfd2 Rd7 22. Re2 g5 23. Fh2 Ch4 24. g3 Cg6 25. F4 Re6 26. Re3 c4 27. Cf3 g×f+ 28. g×f c5** (diagramme 17). Dans la position à laquelle nous sommes parvenus, les pièces blanches sont assez enfermées ; cette agréable situation pour les Noirs est une conséquence nécessaire du blocage réussi des pions e5 et f4. Ceci ne nous étonnera pas, puisque nous avons déjà vu à plusieurs reprises combien le blocage peut améliorer tout le reste de

Diagramme 175

Harmonist-Tarrasch (1889)

Diagramme 176

Tartakower (qui joue avec les Noirs) tire avec méthode le meilleur parti de ses Fous

la situation, comme par miracle. La suite fut : **29. Cg3 Ch4 30. C×C F×h4 31. Ce4 Fe7 32. Fg1 Fc6** (on projette de jouer Rd5, suivi de Fc6-d7-f5, continuant à refouler le Cavalier) **33. Ff2 Fd7 34. Fg3** (Cd6 donnait des possibilités de nulle, à cause des Fous de couleur différente). **34. ... Rd5 35. Cf2 h5 36. Rf3 Ff5** (blocage) ! **37. Re3 b5 38. Rf3-a5 39. Re3** (les Blancs sont pat) **b4 40. Rf3 Rc6 41. a×b** (les Blancs sont perdus) **c×b 42. c×b a×b 43. Ce4 Rd5 44. Cd6 F×d6 45. e×d c3 46. b×c b3 47. Abandon**

4. Les deux Fous en finale. Les aspects positifs des Fous (précisés plus haut) vont se conjuguer. L'idéal pour nous est la transformation d'un avantage, qui dépend du type d'armes employées, en un avantage stratégiquement plus concret, celui d'une position dynamique des pièces face à la position défensive de l'adversaire (diagramme 120). Ce jeu combiné, avec la transformation souhaitée, est à l'œuvre dans la partie suivante : *Blancs :* Michel ; *Noirs :* Tartakower, 1925 (diagramme 176). Les Blancs semblent avoir une position solide, les faiblesses des cases noires c3 et d4 sont insignifiantes. La suite fut : **40. Rg1 Rg7 41. Rf1 Fc6 42. Cg1 g5 43. Cf3 h5** (les deux pions avancent, car forts de leurs hautes protections – ils sont soutenus par le Fou –, ils se sentent majorité qualitative) **44. Fe2 Te4 ! 45. Fd3 Tf4 46. Re2 g4 47. h×g h×g 48. Ch2 g3 ! 49. Cf3** (avec raison, les Noirs n'ont pas exploité à fond la mise à l'étroit du Cavalier ; ce qu'ils possèdent à présent a plus de valeur, le pion g2 est devenu une cible et les pièces blanches [particulièrement Cf3] sont tenues, à partir de maintenant, de le surveiller sans arrêt [p.   ]). Cet avantage stratégique est rapidement décisif. **49. ... d4 50. Tf1 b4 51. Cd2**

Diagramme 177

La position noire me sembla être capable de se défendre

Th4 52. Cf3 Th8 (menaçant aussi bien h2 que la colonne e) **53. Rd2** (dès qu'il n'y a plus de bon coup, on fait une erreur !) **53. ... Th2 ! 54. C×T g×h 55. Th1 Fe5 56. Ff1 Fe4** (une position merveilleuse !) **57. Rd1 Rf6 58. Rd2 Rg5 59. Rd1 Rg4 60. Abandon.**

Nous avons fait assez maintenant pour encenser le Fou. Quelques mots encore sur des positions où les Fous se comportent un peu moins bien. Ce sont les positions fermées ou demi fermées (cf. partie n°41, par exemple) les Fous sont incroyablement faibles face à un Cavalier central intouchable. Même dans la position du diagramme 177, malgré les Fous de Horwitz, la position des Noirs semble tenable.

Partie n° 33

Illustre l'Isolani

Blancs : NIMZOWITSCH
Noirs : TAUBENHAUS

Petersburg 1913

1. d2-d4	**d7-d5**
2. Cg1-f3	**Cg8-f6**
3. c2-c4	**e7-e6**
4. e2-e3	**c7-c5**
5. Ff1-d3	**Cb8-c6**
6. 0-0	**d5 × c4**
7. Fd3 × c4	**c5 × d4**
8. e3 × d4	**Ff8-e7**
9. Cb1-c3	**0-0**
10. Fc1-e3	**...**

d5 serait mauvais à cause de Ca5, b3, Fb4 ; de même, 10. Fg5 serait peu solide. Par exemple 10. Fg5 b6, etc.

10. ...	**b7-b6**

a6 suivi de b5 affaiblirait inutilement.

11. Dd1-e2	**Fc8-b7**
12. Tf1-d1	**Cc6-b4**
13. Cf3-e5	**Ta8-c8**
14. Ta1-c1	**Cb4-d5**
15. Cc3-b5	**...**

Une stratégie remarquable. Les Blancs se disent : nous sommes bien au centre, une diversion stratégique est donc légitimement autorisée ; d'autre part, nous n'avons pas envie, après un éventuel 15. Fa6 ou Fd3, de prendre en charge des pions pendants. Objectivement, il fallait jouer 15. Fa6, par exemple 15. ... C×c3 16. b×c Dc7 17. F×b7

D × b7 18. c4 suivi éventuellement de a2-a4-a5.

15. ... a7-a6
16. Cb5-a7 ! Tc8-a8

Si 16. ... Tc7 ? F × a6.

17. Ca7-c6 Dd8-d6
18. Cc6 × e7 + Dd6 × e7
19. Fc4-d3 ! Cd5 × e3

Il n'y avait aucune raison de jouer cela. Entrait en ligne de compte également :

1° 19. ... a5 suivi de Tfc8 ou

2° 19. ... Tfd8 suivi de Cfd7 et Cf8

A cause de 19. ... Ce8, voir les explications du diagramme 162.

20. f2 × e3 b6-b5

Affaiblit la case c5 ; après 20. ... a5 (au lieu du coup du texte) suivi de Tfc8, rien d'important n'est encore arrivé.

21. Tc1-c5 ...

Par cette occupation de l'avant-poste, les Blancs obtiennent du jeu sur la colonne c.

21. ... Tf8-c8
22. Td1-c1 g7-g6
23. a2-a3 ...

Ce qui suit peut servir de modèle de jeu dans une colonne ouverte. Et, la lente progression par laquelle les Blancs occupent le terrain est caractéristique pour le jeu positionnel.

23. ... Cf6-e8
24. b2-b4 Ce8-d6

Si 24. ... Dg5, 25. C × f7 !

25. De2-f2 f7-f5

Pour libérer f7 ; Dg5 est maintenant possible.

26. Df2-f4 Cd6-e8

Les Noirs ne peuvent rien entreprendre.

27. Fd3-e2 ! Ce8-d6
28. Fe2-f3 ...

Rompt la résistance dans la colonne c.

28. ... Tc8 × c5
29. d4 × c5 Cd6-e8

Si 29. ... Ce4, 30. c6 ! g5 31. c × b Tf8 ! 32. Tc8 gagne.

30. Tc1-d1 Ce8-f6
31. c5-c6 ...

Le pion c, fruit des opérations à l'aile-dame, décide du sort de la partie.

31. ... Fb7-c8
32. c6-c7 Ta8-a7
33. Td1-d8 + Rg8-g7
34. Td8 × c8 Ta7 × c7
35. Ce5 × g6 Abandon.

Partie n° 34

Cette partie dédiée au pion qui pend ne caractérise cette situation que d'une façon très spéciale : elle met en lumière les terribles dangers auxquels sont soumis les « pions pendants » dès leur naissance. Le « taux de mortalité » est ici relativement élevé et bien supérieur à celui de la population adulte

Blancs : RUBINSTEIN
Noirs : SNOSKO-BOROWSKY

Petersburg 1909

1. d2-d4 d7-d5
2. c2-c4 e7-e6
3. Cb1-c3 Cg8-f6
4. Fc1-g5 Ff8-e7

5. e2-e3 Cb8-d7
6. Cg1-f3 0-0
7. Dd1-c2 b7-b6

c7-c5 est possible, par exemple 7. ... c5 8. c×d C×d5 9. F×F D×F 10. C×C e×d 11. d×c C×c5 et l'Isolani nous plaît beaucoup.

8. c4×d5 e6×d5
9. Ff1-d3 Fc8-b7
10. 0-0-0 Cf6-e4
11. h2-h4 f7-f5
12. Rc1-b1 c7-c5

La correction de ce coup repose sur l'exactitude du sacrifice de pions que nous conseillons dans la prochaine remarque. Bon et solide est le coup que recommande le Dr Lasker : 12. ... Tc8 au lieu de 12. ... c5, par exemple 13. Db3 C×c3 + suivi de c7-c5. Enfin, 12. ... h7-h6 était moins solide mais pas mal, par exemple 13. ... Ff4 Fd6 14. F×d6×c×d

13. d4×c5 b6×c5

13. ... Tc8 était maintenant possible : 14. c×b C×b6 et les Noirs ont des chances d'attaque. Si 14. Cd4, alors Cd7×c5. De toute façon l'issue de la partie était incertaine, alors que dans la partie, elle ne fait plus de doute. Indiquons encore la variante : 13. ... Cdc5 14. C×d5 ! F×d5 Fc4 et gagne.

14. Cc3×e4 ! f5×e4
15. Fd3×e4 d5×e4
16. Dc2-b3 + Rg8-h8
17. Db3×b7 e4×f3
18. Td1×d7 Dd8-e8
19. Td7×e7 De8-g6 +
20. Rb1-a1 Ta8-b8

La tempête n'a pas seulement balayé les pions pendants, une pièce en a aussi fait les frais.

L'attaque désespérée des Noirs est facilement repoussée.

21. Db7-e4 ...

Lasker loue ce coup, mais 21. Dd5 est aussi envisageable, par exemple 21. Dd5 f×g 22. D×g2 Dc2 23. Ff6 ! Plusieurs chemins mènent à Rome !

21. ... Dg6×e4
22. Te7×e4 f3×g2
23. Th1-g1 Tf8×f2
24. Te4-f4 Tf2-c2

Si 24. ... Tb8×b2 Tf8 ! + emporte la décision.

25. b2-b3 h7-h6

26. Fe7 Te8 27. Rb1 Te2 28. F×c5 Td8 29. Fd4 Tc8 30. Tg4 Abandon.

Une solide partie de deux Fous se trouve à la fin du cinquième chapitre de ce livre.

Passons maintenant à la surprotection.

4.

Comment on protège systématiquement ses points forts et comment on cherche à se débarrasser des pions et points faibles

Un chapitre très court qui doit présenter les différentes formes de « surprotection » possibles. Nous avons essayé d'expliquer le sens profond de la surprotection. Nous rappelons brièvement que le contact établi entre le point fort et la pièce qui le surprotège augmente la valeur de l'un et de l'autre. Bénéfice pour le point fort car la prophylaxie ainsi développée donne la plus grande sécurité possible contre une quelconque attaque. Bénéfice pour le « surprotecteur » car le point est pour eux une source d'énergie d'où il peut sans cesse puiser de nouvelles forces.

La surprotection est une manœuvre très étroitement liée au jeu positionnel et il ne peut en être qu'ainsi. Malgré cela, il est possible de trouver quelques explications sur la surprotection dans les « Eléments ». Par exemple, à propos de la colonne ouverte : *Blancs* : Td1, Cc3, e4 ; *Noirs* : c7, d6. Comme nous l'avons indiqué expressément, l'éclaireur « Blancs » (après Cc3-d5) doit être protégé à la fois par la Tour et le pion. Que représente cette contrainte, si ce n'est la nécessité de surprotéger l'important éclaireur stratégique.

La chaîne de pions est aussi un terrain où on exerce volontiers le stratagème de la surprotection. Qu'on rejoue la partie Nimzowitsch-Giese, p. 18, et on remarquera comment la surprotection prend effet, non pas à propos de la base qui nous inspire un terrifiant respect, mais à propos d'un simple comparse, (nous avions surprotégé e5, car nous devions compter avec un possible d4 ×c5 ; e5 deviendrait alors une base. La magnifique vitalité du surprotecteur est témoignée par les deux exemples qui suivent :

I. Nimzowitsch-Rubinstein, Karlsbad 1911.

1. e4 e6 2. d4 d5 3. e5 c5 4. c3 Cc6 5. Cf3 Db6 6. Fd3 c×d 7. c×d

Fd7 8. Fe2 Cge7 9. b3 Cf5 10. Fb2 (pour le moment d4 est tout juste couvert) **10. ... Fb4 + 11. Rf1 h5 12. g3-Tc8 13. Rg2 g6 14. h3 Fe7** (avec l'intention de répondre à un éventuel g4 par Ch4 +) **15. Dd2 ! a5 16 Thc1 Ff8 17. Dd1 ! Fh6 18. Tc3 0-0 19. g4 Cfe7 20. Ca3 !** (maintenant on comprend pourquoi les Blancs ont tergiversé pour développer leur Cavalier. Il attendait un poste digne de lui (surprotecteur de d4) **20. ... Cd4 21. Cc2** (suit un déploiement surprenant de facilité, de la masse des pièces blanches à l'aile-dame) **21. ... T × c3 22. F × c3 C × c2 23. D × c2 Tc8 24. Db2 !** (d'une façon comme de l'autre, d4 reste surprotégé) **24. ... Fb5 25. F × b5 D × b5 26. Fd2** (le surprotecteur sort ses griffes) **26. Ff8 27. Tc1 h × g 28. h × g Tc6 29. Da3** (le deuxième surprotecteur ne veut pas demeurer en reste, (cf. la note précédente) **29. ... T × c1** (dommage, sur **29. ... Cf5** les Blancs prévoyaient de sacrifier leur Dame : **29. ... Cf5 30. T × c6 F × a3 31. Tc8 + Rg7 32. g × f** avec une forte attaque. Cet indice est révélateur des formidables ressources du surprotecteur) **30. D × c1** avec un jeu supérieur pour les Blancs.

II. Nimzowitsch-Spielmann, Stockholm 1920.

1. e4 e6 2. d4 d5 3. e5 c5 4. Cf3 Cc6 5. c3 Db6 6. Fe2 c × d 7. c × d Ch6 8. Cc3 (8. b3 paraît plus prudent, cf. partie précédente) **8. ... Cf5 9. Ca4 Da5 + 10. Fd2 Fb4 11. Fc3 Fd7** (il eut été préférable de jouer 11. ... F × c3 12. C × c3 Db4 (Db6 ? Ca4 !) 13. Fb5 0-0 14. F × c6 D × b2 15. Ca4 Db4 + 16. Dd2. Les Blancs possèdent alors le point c5 et les Noirs un pion arriéré de plus). **12. a3 F × c3 13. C × c3 h5 14. 0-0 Tc8** (diagramme 178) **15. Dd2 !**

Diagramme 178

Les Blancs développent leurs pièces selon une idée essentielle : la surprotection systématique de d4

Dd8 (menaçant g5 !) **16. h3 !** (pour répondre à g5 par la contre-poussée g4 par exemple 16. ... g5 17. g4 h × g 18. h × g Ch4 19. Ch4 T × h4 20. Rg2 suivi de Th1 avec avantage aux Blancs). **16. ... Ca5 17. Tad1 ! Db6 18. Tfe1** (d4 et aussi e5 sont à présent surprotégés systématiquement et cette stratégie permettra de se rendre maître automatiquement, par la suite, de toutes les complications éventuelles **18. ... Cc4 19. F × c4 T × c4 20. Ce2 Fa4 21. Tc1** (on remarquera les multiples emplois possibles du surprotecteur, par exemple l'emploi de la Tour d1 en c1, du Cavalier e2 en g3) **21. ... Fb3 22. T × c4 F × c4 23. Cg3 Ce7** et les Blancs sont un peu mieux (les

Blancs gagnèrent au soixante et unième coup).

Voilà en ce qui concerne la surprotection de la base. La surprotection des points suivants est aussi importante :

a) **Les points centraux**

Négliger le champ de bataille central est hautement condamnable, nous l'avons déjà souligné. Ici, il s'agit plutôt d'un détail, plus précisément de l'évaluation d'une position typique de la façon de jouer hypermoderne. Comme chacun sait, le joueur hypermoderne refrène ses tendances à occuper tout de suite le centre avec des pions ; du moins, jusqu'à ce que se présente une occasion favorable. Alors, nous laissons de côté toute fausse timidité et les pions soutenus par les Fous en fianchetto se ruent vers l'avant et cherchent à étouffer l'adversaire. Contre ce terrible danger, la surprotection des points centraux nous offre une sécurité qu'on ne saurait assez recommander. Regardons le début de la partie Réti-Yates jouée à New York en 1924.

1. Cf3 d5 2. c4 e6 3. g3 Cf6 4. Fg2 Fd6 5. b3 0-0 (pourquoi cette hâte ? S'assurer du centre était une tâche bien plus urgente ; donc, c6, Cd7, e5) **6. 0-0 Te8 ? 7. Fb2 Cbd7 8. d3 ? c6 9. Cbd2 e5** (la situation telle qu'elle se présente maintenant est indéniablement à l'avantage des Noirs. Les Blancs auraient dû jouer 8. d4) **10. c×d c×d 11. Tc1 Cf8 12. Tc2 Fd7 13. Da1 Cg6 14. Tfc1** (diagramme 179).

Diagramme 179

Les Noirs au trait. Quel point doit être surprotégé ?

La manœuvre blanche est caractéristique. Les Blancs veulent miner le centre adverse par un éventuel d3-d4 et répondre à e5-e4 Ce5 ; d'où la nécessité pour les Noirs de surprotéger e5. Ils jouèrent le meilleur (diagramme) **14. ... b7-b5** pour surprendre l'aile-dame empêtrée en raison de la présence de la Dame en a1 ; si jamais 15. Cf1 alors Db8 ! = surprotection de e5, 16. Ce3 a5 avec un jeu supérieur pour les Noirs.

Cette façon de jouer que j'indiquai en 1924 dans *les Cahiers Spéciaux* des Nouvelles Echiquéennes de Kagän, ne suscita que peu d'intérêt, car l'idée de la surprotection était totalement inconnue dans le monde des échecs. Aujourd'hui, les choses sont différentes.

Lors de ma tournée en automne 1926, j'eus quelquefois l'occasion de jouer Db8 dans des situations analogues à celle de la partie sus mentionnée, vu que l'une de ces parties prit un tour très instructif. Je crois qu'il faut que je la livre à mes lecteurs.

Partie n° 35

Jouée lors d'une simultanée
Leipzig, le 7 novembre 1926.

Blancs : SCHURIG et jusqu'au douzième coup aussi K. LARRE (Halle)
Noirs : NIMZOWITSCH

1. Cg1-f3	**e7-e6**
2. g2-g3	**d7-d5**
3. Ff1-g2	**c7-c6**
4. b2-b3	**Ff8-d6**
5. Fc1-b2	**Cg8-f6**
6. d2-d3	**Cb8-d7**
7. Cb1-d2	**Dd8-c7**

7. ... e5 était aussi possible. Le coup du texte est le début d'une manœuvre originale. Les Noirs veulent attaquer au bout de l'aile-dame, mais ils veulent d'abord garantir le centre contre l'éventuelle menace e2-e4-e5, donc surprotection méthodique du point e5. D'autre part, la Dame a la case de retraite b8, où elle pourrait se retirer, par exemple si la colonne c s'ouvrait.

8. 0-0	**a7-a5**
9. c2-c4	**b7-b5**

Le problème du bien-fondé d'une attaque à l'aile ne peut jamais être réglé qu'après analyse de la situation au centre. Lorsque le centre est solide, une attaque à l'aile ne peut être mauvaise. C'est le cas ici. Et que le Roi n'ait pas roqué, ne change rien à l'affaire. Il est intouchable.

10. c4 × b5	**c6 × b5**
11. Ta1-c1	**Dc7-b8**

Les appartements où on se retire.

12. Dd1-c2	**0-0**

e4 semblait plus urgent.

13. e2-e4	**Fc8-b7**
14. Cf3-d4	**Tf8-c8**
15. Dc2-b1	**Tc8 × c1**
16. Tf1 × c1	**b5-b4**
17. Cd4-c6	**Fb7 × c6**

Cette réalisation me semble un peu prématurée.

18. Tc1 × c6	**a5-a4**

Chaque moment de calme est utilisé pour renforcer la position à l'aile-dame.

19. d3-d4	**...**

Ce coup doit être considéré comme un succès de la stratégie de surprotection noire. Car à présent la précieuse diagonale b2-f6 est bouchée. Mais autrement il n'était pas possible de forcer la poussée e5.

Les surprotecteurs se sont, une fois de plus, magistralement affirmés. D'ailleurs, n'ayant rien à subir, ils ont fait feu des quatre fers dans toutes les directions.

On pouvait encore signaler la variante 19. f4 pour maintenir le pion d en d3. Là-dessus survient Fc5 + ! et les Blancs doivent se résoudre à d4 ; après 20. Ff8 21. e5, on retrouverait la position de la partie.

19. ...	**Fd6-f8!**
20. e4-e5	**Cf6-e8**

Les Fous blancs sont maintenant très peu actifs.

21. f2-f4	**Db8-b5**

a3 tout de suite était plus précis.

22. Db1-c2 a4-a3
23. Fb2-c1 ...

Ff1 était indispensable. (diagramme 180).

Diagramme 180

Les Noirs au trait envahissent le jeu adverse grâce à un sacrifice de qualité et conquièrent l'inexpugnable pion a2. Comment

23. ... Ff8-c5

Cette intéressante combinaison aurait dû commencer par Cc5! et non Fc5. On verra bientôt la différence.

24. Tc6 × c5 Cd7 × c5
25. d4 × c5? ...

Le coup intermédiaire Ff1 (impossible après 23. ... Cc5) lui aurait fait gagner un temps pour la finale.

25. ... Ta8-c8

Le pion a2 – qui le croirait ? – est promis à la mort.

26. Cd2-b1 Db5 × c5 +
27. Dd2 × c5 Tc8 × c5
28. Fc1 × a3 ...

Ou bien 28. Fd2 Tc2 29. Ff1 T × a2 30. F × b4 Tg2 + gagne. Avec un temps de plus pour les Blancs (cf. note au vingt-cinquième coup Blanc) cette variante aurait été impossible.

La suite fut 28. ... b × a 29. C × a3 Ta5 30. Cc2 T × a2 31. Cd4 Tb2 32. f5 Cc7 33. f × e C × e6 34. Cc6 d4 et les Blancs abandonnèrent.

b) La surprotection du centre est une mesure de protection pour le Roi

Ce cas que nous allons analyser plus en détail se distingue du précédent par ses intentions et est traité comme une manœuvre indépendante et non comme un cas particulier du paragraphe précédent *a*.

La discussion exposée p. 30, à propos de la position du diagramme 139, peut parfaitement être considérée comme illustrant *b*.

De même, on pourrait renvoyer à la partie 13 (t. I). Dans ladite partie, voici la position à laquelle on était arrivé après le treizième coup à la position du diagramme 181. Les Noirs viennent de jouer 13. ... g4 ! avec l'intention de jouer après, 14. h × g h × g 15. D × g4, le coup T × h2 suivi de Fe5 + et F × b2. Les Blancs jouèrent cependant 14. Te1 faisant quelque chose pour le centre et renforçant la capacité de résistance de sa position contre des attaques à l'aile. La suite fut (14. Te1) 14. ... Rf8 15. Cc3 ! (début d'une manœuvre de blocage) 15. ...

De7 16. F×f5 e×f 17. D×e3 Th6 18. Ce2 c5 19. Cf4 avec un jeu supérieur pour les Blancs, les deux Fous n'ayant rien à dire face à la puissance du Cavalier qu'on ne peut chasser. De plus, la mobilité générale du jeu noir est très restreinte (c5, d5 sont à la rigueur mobiles et c'est tout ! Le reste est bloqué).

Diagramme 181

Les Blancs parent toute attaque du Roi par une surprotection du centre. Comment ?

Diagramme 182

Consultants-Nimzowitsch

Très intéressante, par contre, est la manœuvre employée par les Noirs dans la partie en consultation qui suit (diagramme 182). Les Noirs sont au trait. Le Cd5 représente le point fort de leur position, cela ne fait pas de doute. Pourtant, il n'est pas simple de trouver un plan. Les Blancs se préparent à prendre une initiative, certes pas très dangereuse, Dd2 suivi de Cf3-e1-d3-c5. L'idée que je poursuivrai dans la partie me révéla une manœuvre cachée, que je considère encore aujourd'hui comme bonne. Voici les éléments de ce raisonnement :

1) Cd5 est fort, 2) donc Dd7 et Td8 qui le surprotègent sont également forts, 3) mais la Td8 est aussi engagée à l'aile-roi qui restreint sa force au centre, d'où 4) la Tour h8 doit venir en c8 ! Aussitôt dit, aussitôt fait (diagramme 182) 14. ... Rb8 ! 15. Dd2 Tc8 ! 16. Ce1 Fe7 17. Cd3 Thd8, nous y sommes parvenus ! La Tour d peut maintenant se sentir pleinement centrale car c'est son partenaire situé en c8 qui s'occupe maintenant du Roi. Le gentil lecteur trouvera tous les renseignements désirables sur le destin de la Tour d8 dans la partie nº 36 (à la fin de ce chapitre). Qu'il fasse tout particulièrement attention, une fois de plus, à la vitalité dont a fait preuve le surprotecteur. Nous pourrions encore présenter bien des points qui méritent une surprotec-

tion, mais nous nous contenterons de quelques exemples. Avant de nous consacrer au stratagème suivant ; en résumé : ce ne sont que des points stratégiques importants qui doivent être surprotégés et non pas des pions faibles ou un roque sur pieds d'argile.

La surprotection n'est pas un acte de charité ; les pièces surprotègent un point fort car elles espèrent que ce contact leur procurera des avantages stratégiques, d'où la recherche systématique du contact avec des points forts. Un pion faible ne peut demander une surprotection que dans un seul cas exceptionnel : lorsqu'il est le tuteur d'un futur géant. Par exemple : d4 et e5 pour les Blancs ; Noirs : e6 et d5. La base d4 est certes faible, mais elle fait fonction de tuteur de e5, qui a une grande importance.

Comment se débarrasse-t-on de pions faibles ?

Il ne sera pas question ici de la manière qu'il faut employer pour se débarrasser des pions faibles, mais de déterminer quels sont les pions qui méritent d'être traités aussi peu amicalement.

La situation est toujours la même ; une formation de pions, au demeurant saine, dont l'un des membres est très faible. Selon le type de faiblesse, on peut distinguer deux cas :

1° la faiblesse du pion est apparente ;

2° la faiblesse n'apparaîtrait qu'après l'avance des pions (les siens ou ceux de l'adversaire).

Nous donnons un exemple pour chacun de ces cas.

Diagramme 183

1° diagramme 183. *Blancs :* Nimzowitsch ; *Noirs :* Jacobsen. La suite fut : **36. Tc5 Fd7** (ou Fd3 + Rc1 Td7 Td7 Tc8 + suivi de Tb8) **37. T×d5.** Les Blancs ont maintenant un pion de plus **37. ... Rf8 38. Rc2 b3 + 39. Rc3 Re7** (les Blancs sont capables de mettre à l'abri leur groupe de pions e, f, g ; il leur suffit de jouer e3-e4, tout est alors parfaitement couvert et le berger (Td5) peut vaquer en toute quiétude à d'autres occupations. Mais non, le pion h4, cette brebis stupide échapperait au berger (la menace éventuelle est par exemple, dans la finale de Tour, la manœuvre Ta7-a1-h1 × h4 et la brebis a disparu) : c'est pourquoi nous expulsons l'animal stupide de la communauté des bons moutons. La suite fut : **40. h4-h5! Fe6 41. Tc5-Rd6 42. Tc6+ Rd7 43. h×g h×g** (nous y sommes parvenus !) **44. C×e6! f×e 45. Tc5** suivi de **Tg5** et **f3-f4** avec une finale de Tours facile à gagner.

Diagramme 183 a

Tarrasch-Barthmann

2° Pour illustrer le deuxième cas, nous présentons une finale des années de jeunesse de Tarrasch (diagramme 183a). Les Noirs jouèrent : **21. ... Tc6** et la suite fut : **22. Thc1 Thc8 23. g4 g6 24. f5 g×f 25. g×f Tg8 ?** (pour rien au monde on ne devait permettre f6+. Il paraît indispensable de jouer 25. ... e×f par exemple 26. Cf4 Fe6 27. Tg1 avec une lutte acharnée) **26. f6+ Rf8 27. Tg1 T×g1 28. C×g1 Rg8** et le pion noir h est une éclatante faiblesse dans le jeu noir. Les Noirs auraient pu éviter ce malheur, s'ils avaient joué h7-h5 au vingt-et-unième coup (diagramme 183a) avec l'idée de ne tolérer f6-f5 (comme dans la partie) qu'à la condition que les pions h et g disparaissent. La suite pourrait être (21. ... h5!) 22. h3 g6 (non pas 22. ...h4?) à cause de 23. Cg1 suivi de Cf3 et les Noirs, après quelques coups, auraient une meilleure position.

Partie n° 36

Elle illustre à la fois la surprotection et le problème du pion-dame isolé.

Blancs : Trois amateurs suédois
Noirs : NIMZOWITSCH

Jouée en 1921

1. e2-e4	**Cb8-c6**
2. d2-d4	**d7-d5**
3. e4-e5	**f7-f6**
4. Ff1-b5	**...**

f4 semble meilleur.

4. ...	**Fc8-f5**
5. Cg1-f3	**Dd8-d7**
6. c2-c4	**Ff5×b1!**

Par ce surprenant échange, les Noirs veulent arriver à s'emparer de d5 pour leur Cavalier.

7. Ta1×b1	**0-0-0**
8. c4×d5	**...**

Si 8. c5 alors g5! Un combat se livre pour la possession de la case centrale e5. Par exemple (8. c5 g5) 9. De2 (menaçant e6 et les Noirs sont enfermés) 9. ... De6! 10. h3 Ch6 suivi de C×f7 ou bien 10. ... Cb8. Dans les deux cas, les Noirs ne sont pas mal.

8. ...	**Dd7 × d5**
9. Fb5 × c6	**Dd5 × c6**
10. 0-0	**e7-e6**
11. Fc1-e3	**Cg8-e7**
12. Dd1-e2	**Ce7-d5**

Nous pouvons tranquillement considérer d4 comme Isolani. La faiblesse (en finale) est évidente et le point d5 est très solide pour les Noirs. En ce qui concerne les avantages que procure l'Isolani aux Blancs, il faut dire que c5 est un bon avant-poste ; e5, par contre, est inutilisable (pour le Cf3 au moins). Les jeux sont égaux.

13. Tf1-c1	**Dd6-d7**

On peut vraiment se demander s'il ne valait pas mieux échanger sur f6 au lieu de jouer le coup de Tour ; mais l'adversaire obtenait la colonne g et un Fd6 centralisé. Or la colonne e serait une compensation non négligeable. La surprotection bizarre qui a lieu dans les coups 13 à 18 a été analysée en détail (diagramme 182).

14. Tc1-c4	**Rc8-b8**
15. De2-d2	**Td8-c8**
16. Cf3-e1	**Ff8-e7**
17. Ce1-d3	**Th8-d8**
18. Dd2-c2	**f6-f5**

Une fois la position consolidée, les Noirs passent à l'attaque. Cette attaque est dure à mener car les cibles manquent et, d'autre part, les Blancs ont aussi des chances d'attaque.

Diagramme 184

Après le dix-huitième coup des Noirs

(diagramme 184)

19. Tb1-c1	**...**

Il fallait absolument jouer 19. b4 avec l'intention éventuelle Cc5, F × c5, b4 × c5. La question qui se pose maintenant est de savoir si la position noire est assez solide pour supporter un affaiblissement. Deux coups entrent éventuellement en ligne de compte :

(19. b4)	(1) 19. ... b6
	(2) 19. ... b5

(1) 19. ... b6 20. Cc5! F × c5! 21. b × c c6 et les Noirs sont très bien. En aucun cas cependant ils ne doivent accepter le sacrifice de Cavalier, comme le montre la combinaison qui suit (diagramme 184) 19. b4! b6 20. Cc5 b × c 21. b × c + Ra8 ? (le contre-sacrifice Cb6 était indispensable) 22. c6 De8 23. Ta4 (menaçant T × a7) Cb6 24. d5 ! T × d5 25. T × a7 + R × a7 26. Da4 + Rb8 27. F × b6 c × b 28. T × b6 + Rc7 29. Tb7 + Rd8 30. c7 + ! T × c7 31. Tb8 + Tc8 32. T × c8 + suivi de D × c8 + et gagne. Une vraie combinaison à la Morphy.

La position centrale surprotégée est si forte que les Noirs peuvent prêter le flanc, tout en restant maîtres de la situation, car ils sont en mesure d'éviter en souriant la plus diabolique combinaison de l'adversaire.

(2) On pourrait encore envisager la variante 19. ... b5. Là aussi, les Noirs ne s'en sortent pas mal, par exemple : 19. b4 b5 20. Tc6 Rb7 21. Cc5 + F × c5 22. T × c5 Cb6 suivi de c6 et les Noirs sont très forts sur les cases blanches.

19. ...	**g7-g5**
20. Cd3-c5	**Fe7 × c5**
21. Tc4 × c5	**Td8-g8**
22. Dc2-e2	**h7-h5!**
23. Fe3-d2	**...**

23. D × h5? g4! suivi de Th8.

23. ...	**h5-h4**
24. a2-a4	**g5-g4**
25. a4-a5	**a7-a6 !**
26. b2-b4	**c7-c6**

Les Blancs ont définitivement jeté leur gourme.

27. Tc1-b1	**Dd7-f7**
28. Tb1-b3	**f5-f4**
29. De2-e4	**f4-f3!**

Car 30. g × f g × f + 31. Rf1 Tcf8 (meilleur que Tg1 +) ne serait pas tenable.

30. Tc5-c1	**f3 × g2**
31. Rg1 × g2	**Te8-f8**

On remarquera la surprenante facilité avec laquelle la Tour noire change d'emploi, ce qui prouve une fois de plus l'énorme vitalité du surprotecteur.

32. Tc1-f1	**g4-g3!**
33. h2 × g3	**h4 × g3**
34. f2-f4	**...**

Tbg3 exposerait le Roi après la réponse T × g3 +

34. ...	**Cd5-e7**

Si 35. T × g3... C × g5 36. Tg5 T × g5 + suivi de Ch4 + .

35. Fd2-e1	**Ce7-f5**
36. Tf1-h1	**Tg8-g4**
37. Fe1 × g3	**Df7-g6**
38. De4-e1	**Cf5 × g3!**

Un coup décisif, simple et terrible : il gagne les pions confortablement installés sur la quatrième traverse.

39. Tb3 × g3	**Tf8 × f4**
40. Th1-h3	**Tf4 × d4**
41. De1-f2	**Tg4 × g3 +**
42. Th3 × g3	**Dg6-e4 +**
43. Rg2-h2	**De4 × e5**
44. Rh3-g2	**De5-d5 +**

Abandon.

Une de mes parties préférées.

quelques erreurs dans la notation.

5.

Le louvoiement contre une faiblesse ennemie. L'attaque simultanée peut être combinée aux deux ailes. Existe-t-il entre ces deux stratagèmes une certaine parenté ?

1. Quels sont les moments logiques successifs du stratagème de louvoiement contre une faiblesse. Le concept de « l'axe » autour duquel s'ordonnent les opérations de louvoiement

Je voudrais introduire cette analyse par la présentation d'un schéma à propos des opérations susmentionnées. Je m'imagine le déroulement d'une action de louvoiement de la façon qui suit : une faiblesse ennemie peut être attaquée au moins de deux façons différentes, mais chacune de ces attaques peut être parée. Cependant, pour conquérir malgré cela la faiblesse ennemie, nous choisissons de l'attaquer en usant de notre plus grande facilité de manœuvre (qui réside dans certaines situations sur le terrain) de différentes manières (= louvoiement), ce qui force les pièces adverses à occuper de mauvaises positions.

La conséquence est un handicap de la défense et la faiblesse se révèle finalement intenable.

2. Le terrain. La loi du louvoiement. Le changement de place

Le terrain où se déroule le louvoiement doit être, si on espère la réussite, bien solidement préparé. Ce qui est caractéristique, c'est que tous les transports de troupes transitent toujours par une même case (ou une même colonne). Par exemple, dans le diagramme 185, c'est la case d5 que les pièces blanches veulent occuper, pour pouvoir manœuvrer à partir de cette case ; d5 est donc une base intermédiaire renforcée et il serait juste de le (d5) considérer comme l'axe autour duquel se passe tout le louvoiement. Tout le louvoiement va se dérouler sous le signe du point d5 renforcé ; toutes les pièces convergent vers d5, même la Td1 derrière les coulisses.

La loi du louvoiement veut que d5 soit occupé à tour de rôle par différentes pièces, pour créer sans cesse de nouvelles menaces qui gêneront l'adversaire. Le rapport entre les pièces blanches d'une part et l'axe d5 de l'autre, correspond à ce que nous avons appelé le « contact » dans le chapitre précédent et qui se passait entre un surprotecteur et un point stratégique important. Le fait que les pièces convergent vers d5 est une preuve de la puissance du point d5. On observera aussi la manœuvre du changement de place (diagramme 185), par exemple la suite de coups blancs Ce3, Dd5, Cc4. Mise à part l'occupation alternée du point axial, la manœuvre ci-dessus est une arme d'importance pour accroître la valeur du louvoiement. A l'aide de quelques exemples, nous passons à présent en revue quelques cas de louvoiement typiques.

a) **Une faiblesse de pion qui sera bientôt attaquée sur une colonne et à partir de la septième traverse**

Rubinstein-Selesnieff, diagramme 186 : **1. ... b6** (il aurait mieux valu jouer 1. ... d4, par exemple : 1. ... d4 2. c×d C×d4 3. Fg5 Ce2 + 4. Rf2 ! [sinon 4. ... Tf7 !] 4. ... Tf8 + 5. Tf6 T×f6 + 6. F×T Te6). La suite fut : **2. Ff2 Tf8 3. Te1 Tef7 4. Th6×e6 T×f2 5. Te8 + Rb7 6. T×T T×T 7. Te7** et maintenant commence un extraordinaire louvoiement contre la faiblesse h7 (position Rg1, Te7, Pa3, c2, c3, g2, h2, Rb7, Tf8, a7, b6, c7, d5, h7). Les Noirs couvrirent d'abord par **7. ... Th8, 8. Rf2.** Après **8. ... Rc6 9. g4 Rd6 10. Tf7 a5**

Diagramme 185

Nous louvoyons contre le pion d6 en prenant le point d5 comme axe (c'est autour de ce point que tourne l'opération)

Diagramme 186

Rubinstein-Selesnieff

11. g5-a4 12. h4-b5 13. Rg3 c5 (les Noirs menacent d'obtenir un pion passé en jouant b4). Rubinstein attaqua la faiblesse de l'autre côté : **14. Tf6 + ! Rc7 15. Th6 b4 16. c × b c × b 17. a × b Ta8 18. T × h7 + !** (la « faiblesse » est tombée) **18. ... Rb6 19. Tf7 a3 20. Tf1 a2 21. Ta1 Rb5 22. g6 R × b4 23. h5** Abandon. L'axe, dans cette partie, a été la traverse e7-h7 et la colonne h6-h8. Le joueur, assoiffé de connaissances, cherchera à comprendre pourquoi le changement de front du quatorzième coup n'a pas eu lieu avant. Le cas suivant est plus compliqué.

Diagramme 187

Dr W. Kalaschnikow-Nimzowitsch (1914)

b) **Deux faiblesses de pions (ici c3 et h3)**

Le point axial de l'action dirigée contre h3 semble menacé ; il sera cependant sauvé grâce à un traitement approprié du pion faible c3. Ainsi, voyons-nous la liaison logique des deux champs de bataille séparés.

Exemple : Kalaschnikow-Nimzowitsch, diagramme 187 : **36. ... Re7.** Si les Blancs restent tranquilles, les Noirs prennent l'avantage en attaquant directement par Re7, f7, g6, suivi de la poussée de pion f6-f5. Les Blancs devront alors couvrir par f2-f3 et ils laisseront ainsi les Noirs libres d'attaquer, c'est-à-dire, dans un premier temps, de poster le Fou en g3 (après que le Cf4 ait libéré la place), ce qui représente une menace imparable pour les lignes de défense blanches. Mais les Blancs ne restèrent pas tranquilles et cherchèrent à empêcher l'adversaire de réaliser ses plans. Ils jouèrent **37. Cg2 !,** avec l'idée de l'échange 38. F × f4 et si 38. ... C × f4, alors 39. C × f4 F × f4, d'où nulle. Le point menacé f4 n'aurait pas été tenable pour les Noirs, s'ils n'avaient pu louvoyer de l'autre côté. Mais les coups suivants furent (37. Ce1-g2) **37. ... Ta3-a1 + 38. Tc2-c1 Ta1-a2 ! 39. Cg2-e1 !** (l'action de secours entamée aux trente-septième et trente-huitième coups s'avère à présent très effective, car maintenant que la Tour se trouve en a2 l'échange libérateur projeté ne conduirait qu'au désavantage. Par exemple 39. F × f4 ? F × f4 ! 40. Td1 Fd2 41. Ce2 Cf4 ! Après les prochains coups 42. Cg × f4 g × f 43. Rg2 Tc2 les Noirs témoignent d'un fantastique appétit **39. ... Re7 f7.** Les Noirs ont donc gagné un temps ! Mais tout va se répéter une fois de plus **40. Tc1-c2 Ta2-a3 41. Ce1 g2 Ta3-a1 + 42. Tc2-c1 Ta1-a2 ! 43. Cg2-e1 Rf7-g6 44. Tc1-c2 Ta2-a3 45. f2-f3** (ce coup affaiblissant ne pouvait être évité à la longue, sous peine de f6-f5 et si g × f, R × f5, suivi de g5-g4 et le pion h est passé. **45. ... f6-f5.** Nous y voilà ! Le reste alla sans anicroches **46. Rf2 Rf6** (libérant la case pour le Cavalier) **47. Fc1 Ta1 48. Re3 Cg6 49. Cd3 Fg3** (se reporter au commentaire du trente-sixième coup noir) **50. Ce2 Cef4 51. Cg1 C × d3 52. R × d3 Ff4 ! 53. Ce2 F × c1 54. C × c1 Cf4 + 55. Re3 C × h3.** La place forte h3 a cédé après une résistance héroïque. Après **56. Ce2 f4 +**, les Blancs abandonnent car Tf1 gagne encore un pion.

c) **Le Roi en tant que « faiblesse »**

Deux possibilités de chasse font office de « terrain d'action », une colonne de démarcation fera office d'axe.

Diagramme 188 : dans cette position très aiguë, les Blancs jouèrent **1. Fb3** (1. Fc2 f2 2. Td1 et après Re6, les Blancs ne peuvent plus gagner) **1. ... d4 2. Fd5 Tg4** (f2 est immédiatement réfuté par F × e4) **3. Th5 f2** et les Blancs peuvent doubler les Tours sur la colonne f avec gain de temps **4. Tf6 + Re7 5. Thf5 Tg1 + 6. Ra2 d3.** La position ainsi obtenue (*Blancs :* Ra2, Tf5, f6, Fd5, a3, b2 ; *Noirs :* Re7, Tg1, Fc3, a7, b7, d3, e4, f2) doit être la preuve de la justesse de nos thèses. En son temps, nous aurions expliqué qu'un louvoiement ne pouvait avoir lieu que lorsque certaines conditions étaient remplies :

Diagramme 188

Nimzowitsch-Kalinsky (1914)

A. la présence d'un axe ;

B. la pluralité des menaces pouvant être dirigée contre la faiblesse. L'expérience est concluante, bien que la faiblesse soit cette fois-ci idéale – il ne s'agit pas d'une faiblesse de pion – la constellation (favorable à un louvoiement) est identique à celle que nous avons décrite : ici aussi, la pluralité des attaques est parfaite, puisque les Noirs ne menacent pas seulement d'acculer le Roi à la bande, mais projettent aussi d'organiser éventuellement une grande chasse au milieu de l'échiquier. La pluralité des menaces et la présence d'un axe se trouvent réunis. C'est sans nul doute la colonne f (= ligne de démarcation parce que le Roi ne peut la franchir) qui fonctionne comme axe. Ceci dit, les coups de va-et-vient qui vont suivre, deviennent compréhensibles, prennent un certain relief. Après 6. ... d3, voici les coups qui furent joués : **7. Te6 + Rd7 8. Tf7 + Rd8 9. Tf6 d2** (la position à la bande ainsi obtenue ne peut pas encore être exploitée car 10. Th7 échoue à cause de f1 D et 10. Th6 n'allant absolument pas, le louvoiement continue). **10. Tf8 + Re7 11. Tf6 f7 + Rd6 12. Fb3 Fb6 ?** (peut-être fallait-il plutôt jouer a6, faisant une percée où le Roi puisse se faufiler) **13. Tf6 + !** Le Roi a maintenant un choix à faire : ou bien revenir à sa position désormais intenable à la bande, ou bien fuir vers l'inconnu où le destin le frappera d'une autre façon : **13. ... Re5** (si 13. ... Re7 14. Tf8-f7 + Rd8 15. Th6 et gagne) **14. Te6 + ! Rd4 15. T × f2 ! d1 D 16. F × d1 T × d1 17. Te2 !** gagnant le pion et la partie.

3. Le jeu simultané combiné aux deux ailes, lorsqu'il n'y a pas encore de faiblesses ou que celles-ci sont masquées

Diagramme 189 ; voici ce que révèle une analyse logique : le pion c5 est ici une faiblesse indéniable (à cause de l'insécurité essentielle du Fou en f2). Par contre, je ne peux me décider à considérer l'ensemble de pions g3 h3 comme une faiblesse et cela parce qu'il n'y a pas de « terrain » à l'aile-roi. Disséquons à présent le mécanisme du louvoiement et nous comprendrons ce qui se passe.

Diagramme 189

V. Gottschall-Nimzowitsch (Hanovre 1926)

Attaque combinée aux deux ailes. Les faiblesses blanches sont le pion c5 et, comme nous le verrons plus tard, h3

Les Noirs (Nimzowitsch) choisirent une manœuvre à première vue incompréhensible : **39. ... Re5 40. Tb4 Rd5.** Voici l'explication de cette combinaison de sacrifice de temps : après 39. ... Re5 40. Tb4 Rd5, nous avons atteint une position de Zugzwang, car si la Tour retourne en b6 (il n'y a pas d'autres coups plausibles car 41. Td4 + échoue à cause de R × c5 42. T × a4 + ? T × f2 + et 41. h4. fournirait le terrain qui nous a fait si cruellement défaut jusqu'à maintenant), après la poussée h5-h4, g3 × h4, g5 × h4, Ff2 × h4, le coup intermédiaire Rd5 × c5 attaquant la Tour b6 est décisif. Dans la partie, les Blancs (V. Gottschall) se résolurent malgré tout à jouer **41. h4.** La suite fut : **41. ... g × h 42. g × h Th3! 43. Td4 + Re6 44. Td8 Fd5** et les Noirs commencèrent à louvoyer systématiquement (contre h3) avec le point g4 comme axe, et ils envahirent effectivement le jeu adverse par g4.

Voici comment s'éclaire la signification de la stratégie employée : par un schéma valable pour tous les cas semblables : nous avons d'abord louvoyé en direction de la faiblesse apparente (c5). Au moyen du Zugzwang (mêlé à quelques petites menaces) nous arrivons à forcer l'adversaire à une « déperdition de force » (h3-h4). Celle-ci a pour seul résultat de rendre éclatante la faiblesse h4 encore latente avant cette poussée et de faciliter son attaque. En résumé : le jeu aux deux ailes se déroule d'habitude de la façon suivante : on attaque à une aile, de préférence la faiblesse de pion manifeste ; la nécessité pour le défenseur d'amener de nouvelles troupes crée des faiblesses (sur l'aile de réserve), ce qui est le signal d'un louvoiement systématique contre deux faiblesses (à la Kalaschnikow-Nimzowitsch).

Voilà la règle : une intéressante exception que je voudrais relever est que l'on peut souvent faire comme si la faiblesse à l'autre aile était déjà acquise.

En voici un exemple.

Dans la position du diagramme 190 (*Blancs :* V. Holzhausen ; *Noirs :* Nimzowitsch, Hanovre 1926), les Noirs s'empressèrent de clarifier la situation et jouèrent **32. ... Th6.** Certes, la véritable bataille à l'aile-dame est différée (b7-b5) mais j'étais conscient de ce que l'ouverture du jeu (par b7-b5) réalisée, la position avancée de l'aile-roi blanche m'était très avantageuse. La suite fut : **33. h3 Tg6 34. Te2 a6 35. Tf4 b5 36. b3 Tg5 37. g4 Tge5 38. Rc3 a5!** (la faiblesse h3 en liaison avec une chance éventuelle de libérer e4 exigent un « terrain » et un « axe » ; c'est ce que s'efforcent d'obtenir les Noirs dans leurs derniers coups) **39. Tef2 a4** (a × b suivi de b × c menace à présent, ainsi les Tours pourront envahir le jeu adverse sur les colonnes a et b). **40. b × a b × c! 41. Tf8 T5e7 42. T × T T × T 43. C × c4 C × c4 44. R × c4 Ta8!** (le terrain nécessaire vient d'être conquis ; il s'agit des colonnes a, b et d, l'axe étant d4) **45. Tf7** (ou Rb3? Rd5!) **T × a4 + 46. Rb3** (Rc3 était un peu mieux) **46. ... Tb4 + ! 47. Rc3 Tb7 48. Tf5 49. Rc4 Ta4 + 50. Rb3 Td4** (le « point axial ») **51. Te5 Rd6 52. Te8 Td3 + 53. Rc4 T × h3** (la mise en valeur correcte du « terrain » a eu lieu : la faiblesse est tombée) **54. T × e4 Ta3 55. Te2 Ta4 + 56. Rb5 T × g4 57. a4 Tb4 +** gagnant au soixante et onzième coup.

Diagramme 190

Dans le diagramme 191, une élégante menace de mat est utilisée pour parvenir à jouer une manœuvre affaiblissant l'aile-dame avec gain de temps (diagramme 191) **31. ... Ce6** (menace T × h2 + C × h2 T × h2 + R × h2 Df2 + Rh3

Ff4! gagne) **32. Te2** (parant la menace, mais les Noirs jouent avec gain de temps) **32. ... Cd4 33. Te2 e1** (si 33. Tf2, Fe3!) **33. ... Db7!** (Tc8 ne peut plus être empêché autrement que par un sacrifice) **34. T×d4** (ou 34. c3? b×c. 35. b×c Db2+ et gagne) **34. ... e×d.**

Et les Noirs gagnèrent après un difficile combat (cf. Teichmann-Nimzowitsch à la fin de ce chapitre).

Diagramme 191

Teichmann-Nimzowitsch (San Sebastian 1911)

4. Le louvoiement dans des circonstances difficiles (le centre de l'attaquant a besoin d'être soutenu)

Enfin, nous donnons encore une partie entièrement pénétrée de l'esprit authentique du louvoiement (diagramme 192). La position étriquée de l'aile-roi est ici une éclatante faiblesse. De même, le pion d6 est faible. Mais la faiblesse blanche en e4 force les Blancs à une certaine prudence. Le « terrain » employé contre d6, autant le dire tout de suite, est peu élastique : le pion d6 n'est attaquable que par la Tour d1, et par la diagonale. Les possibilités à l'aile-roi semblent un peu plus nombreuses (T et D peuvent tour à tour se relayer sur les colonnes h et g). Cette impressionnante possibilité qui n'est pas très simple à convertir en une base de départ pour des actions décisives, exige un savoir de maître. Lasker la commenta ainsi :

Diagramme 192

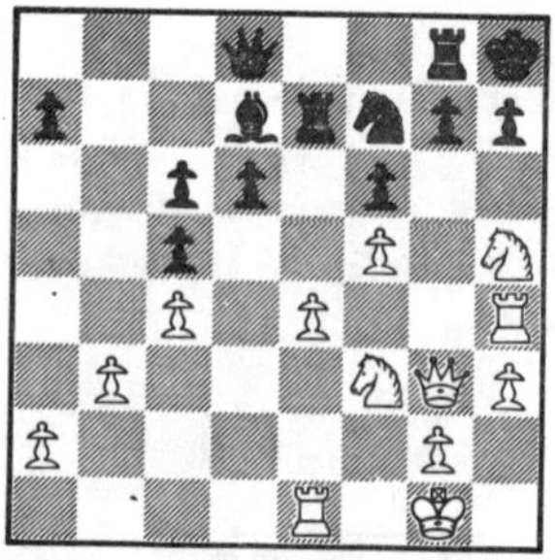

Lasker-Salwe (1909)

(*Blancs :* Lasker ; *Noirs :* Salwe) **27. ... De8 28. Df2!** (Cf4 trouve une réponse suffisante en Ch6) **28. ... Tf8 29. Dd2!** (fixe d6 et rend impossible la parade précitée) **29. ...**

Db8 30. Rh1 Tfe8 31. Tg4! Tg8 (si 31. ... Ch6 32. C×f6! et avantage aux Blancs) **32. Td1!** (e4 étant libéré) **32. ... Db4?** (ce qui met la Dame sur une voie de garage. 32. De8 était incontestablement préférable. Mais il était très difficile de prévoir à ce moment-là, que la puissance d'action de la Dame introduite dans le jeu adverse par b4, serait à tel point localisée). **33. Df2! Dc3 34. Dh4** (à présent, l'activité de cette vieille formation est particulièrement forte) **34. ... Ch6 35. Tf4 Cf7 36. Rh2 Tgc8 37. Dg3 Tg8 38. Th4** (dans le livre du tournoi, Lasker fit le commentaire suivant : « si 38. Tg4 Ch6 39. Th4 39. ... d5 40. c×d e×d 41. T×d5 Fc5. A présent, la manœuvre d6-d5 échoue à cause de 39. c×d c×d 40. Cf4. L'attaque contre e4 plane toujours. On remarquera l'action préventive de la manœuvre blanche) **38. ... g5** (la menace était Cf4, Ch6, T×d6) **39. f×g ep. T×g6 40. Df2 f5** (pour se débarrasser de la faiblesse f6) **41. Cf4 Tf6 42. Ce2 Db2 43. Td2 Da1 44. Cg3 Rg8** (les Blancs menacent C×f5 T×f5 Th7+) **45. e×f F×f5 46. Cd4! e×d 47. C×f5 Rf8 48. D×d4 D×d4 49. C×d4 Ce5 50. Th5 Tef7 51. c5 d×c 52. T×e5 c×d 53. T×d4 Tf2 54. Td8+ Rg7 55. Ta5** gagnant.

La manière de jouer de Lasker est remarquable : la façon dont il arrive à contrôler magistralement tout l'échiquier, malgré le peu de menaces dont il dispose, dont il parvient à se débarrasser pratiquement de toutes ses faiblesses, force l'admiration. Le débutant zélé retiendra ceci : la pluralité des cibles possibles (= faiblesses adverses) peut compenser dans une certaine proportion, le peu de possibilités d'attaque.

Enfin, quelques parties et finales.

Partie n° 37

Ouverture Hanham

Illustre le jeu combiné aux deux ailes. A remarquer la tranquillité avec laquelle les Noirs peuvent se permettre de négliger leur faiblesse en d6

Blancs : TEICHMANN
Noirs : NIMZOWITSCH

San Sebastian 1911

1. e2-e4	**e7-e5**
2. Cg1-f3	**d7-d6**
3. d2-d4	**Cg8-f6**
4. Cb1-c3	**Cb8-d7**
5. Ff1-c4	**Ff8-e7**
6. 0-0	**0-0**
7. Dd1-e2	**c7-c6**
8. Fc1-g5	**...**

a2-a4 était préférable.

8. ...	**h7-h6**
9. Fg5-h4	**Cf6-h5**
10. Fh4-g3	**Ch5×g3**

10. ... Ff6 était envisageable.

11. h2×g3	**b7-b5**
12. Fc4-d3	**a7-a6!**

La masse de pions noirs est tellement solidement bâtie (nous parlons de sa structure interne) qu'elle inspire le respect : on fera attention à la double possibilité d'ouverture : c6-c5 ou éventuellement d6-d5.

13. a2-a4 ...

Cherchant à étouffer dans l'œuf les forces latentes du pion.

13. ... Fc8-b7!
14. Ta1-d1 Dd8-c7
15. a4 × b5 a6 × b5
16. g3-g4 Tf8-e8
17. d4-d5 ...

Pour échapper à son vis-à-vis.

17. ... b5-b4
18. d5 × c6 Fb7 × c6
19. Cc3-b1 Cd7-c5
20. Cb1-d2 Dc7-c8

Tous les coups de boutoir blancs ont échoué, d6 est facile à protéger et les deux Fous travaillent très bien en liaison avec la colonne a et la voie d'attaque c8-g4.

21. Fd3-c4 ...

Une astucieuse protection du pion g4 (D × g4? F × f7 +)

21. ... g7-g6
22. g2-g3 Rg8-g7
23. Cf3-h2 Fe7-g5!

La faiblesse d6 est sans conséquences.

24. f2-f3 ...

24. f2-f4? e × f 25. g × f Ff6 et gain d'un pion.

24. ... Dc8-c7

Menaçant Ca4 et si Tb1, alors F × d2 suivi de F × e4.

25. Tf1-e1 Te8-h8
26. Cd2-f1 h6-h5

Les prochains coups permettent de s'emparer des colonnes et diagonales importantes.

27. g4 × h5 Th8 × h5
28. Fc4-d5 Ta8-h8
29. Fd5 × c6 Dc7 × c6
30. De2-c4 Dc6-b6
31. Rg1-g2 ...

Lentement, une faiblesse s'est fait jour : celle de la base blanche ; le C étant en d4 une invasion sur la deuxième traverse serait décisive.

31. ... Cc5-e6

Louchant vers d4 mais menaçant simultanément l'aile-roi : la menace est T × h2 + C × h2 T × h2 + R × h2 Df2 + Rh3 Ff4! (cf. nos explications du diagramme 191).

32. Te1-e2! ...

Sans la menace que nous avons indiquée, les Blancs pouvaient peut-être encore se défendre par 32. Td5 Cd4 33. f4.

32. ... Ce6-d4!

Avec gain de temps maintenant.

33. Te2-e1 ...

Ou Tf2? Fe3!

33. ... Db6-b7!

Tc8 est imparable. Voilà un bon exemple d'exploitation de plusieurs faiblesses.

34. Td1 × d4 ...

Si 34. c3 b × c 35. b × c Db2 + , la faiblesse de la deuxième traverse devenait déterminante.

34. ... e5 × d4
35. Ch2-g4 Db7-b6

Ou bien 35. D × d4 + Ff6 36. D × d6 Td8

36. f3-f4 Fg5-e7
37. Te1-d1 f7-f5
38. Cg4-f2 f5 × e4
39. Dc4 × d4 + Db6 × d4
40. Td1 × d4 d6-d5
41. g3-g4 Fe7-c5!
42. Td4-d1 Th5-h4
43. Td1 × d5 Fc5 × f2
44. Rg2 × f2 Th4 × g4

Les Noirs, pour conserver leur avantage, doivent encore combiner attaque à l'aile et jeu au centre = (d6-d5 et Fc5).

45. Rf2-e3 Th8-c8

Puis c'est au tour de l'aile-dame.

46. Re3 × e4 Tc8-c4 +
47. Rc4-d3 Tc4 × f4

Maintenant cela est plus simple.

48. Ce3 Tg3 49. Te5 Rf6 50. Te8 Rf7 51. Te5 Tf6 52. c4 b3 53. Re4 Te6 54. T × T R × T 55. Cd5 g5. Les Blancs abandonnent.

Ce jeu est connu au Danemark sous le nom de *partie Hanham classique*.

Partie n° 38

Cette partie stratégique est très compliquée. Lasker manœuvre sur une aile et fait sa percée sur l'autre. Pourquoi et comment ? Le lecteur trouvera la réponse dans les commentaires qui suivent.

Blancs : LASKER
Noirs : BURN

Saint-Petersbourg 1909

1. e2-e4 e7-e5
2. Cg1-f3 Cb8-c6
3. Ff1-b5 a7-a6
4. Fb5-a4 Cg8-f6
5. 0-0 Ff8-e7
6. Tf1-e1 b7-b5
7. Fa4-b3 d7-d6
8. c2-c3 Cc6-a5
9. Fb3-c2 c7-c5
10. d2-d4 Dd8-c7
11. Cb1-d2 Ca5-c6
12. Cd2-f1 0-0?

Les Noirs devaient forcer leur adversaire à prendre une décision au centre : 12. ... c × d 13. c × d Fg4.

13. Cf1-e3 ...

Avec l'idée de l'invasion centrale Cd5.

13. ... Fc8-g4
14. Ce3 × g4! ...

Si 14. Cd5, Da7 avec attaque de d4, par exemple 14. Cd5 Da7 15. C × e7! Après le coup du texte, Lasker joue sur l'avantage de la paire de Fous.

14. ... Cf6 × g4
15. h2-h3 Cg4-f6
16. Fc1-e3 Cf6-d7
17. Dd1-e2 Fe7-f6
18. Ta1-d1 Cc6-e7
19. Fc2-b1 Cd7-b6
20. a2-a3 Ce7-g6
21. g2-g3 Tf8-e8

Les Noirs ont opéré de façon très méthodique. Quel était le plan ? Préparer la poussée d6-d5. Lasker se voit donc contraint de jouer lui-même d4-d5, enfermant ainsi son propre Fou.

22. d4-d5 Cb6-d7
23. Rg1-g2 Dc7-d8

Au lieu de cela, les Noirs auraient dû faire jouer un rôle préventif à leur Tour (les Blancs préparent f2-f4) : c5-c4 suivi de Cc5. Le Cavalier était alors très bien.

24. h3-h4 Ff6-e7
25. h4-h5 Cg6-f8
26. Te1-h1 h7-h6

27. Td1-g1 Cf8-h7

g5 semble à présent consolidé.

28. Rg2-f1 Rg8-h8
29. Th1-h2 Te8-g8
30. Cf3-e1 ...

Si Ch4, les Noirs échangent simplement (F × h4 T × h4). La position serait alors assez figée. C'est pourquoi Lasker évite intelligemment Ch4 et cherche à conserver le peu de dynamisme contenu dans la position.

30. ... Ta8-b8
31. Ce1-c2 a6-a5
32. Fe3-d2 Fe7-f6
33. f2-f3 Cd7-b6
34. Th2-f2 ...

Les Blancs veulent éventuellement jouer Ce3 et se tenir prêts à répondre à Fg5 par f3-f4 (Lasker).

34. ... Cb6-c8
35. Rf1-g2 Dd8-d7
36. Rg2-h1 Cc8-e7
37. Tf2-h2 Tb8-b7
38. Tg1-f1 Tg8-e8
39. Cc2-e3 Ce7-g8
40. f3-f4 Ff6-d8
41. De2-f3 ...

Lasker est parvenu à jouer f3-f4 dans de bonnes conditions ; il ne peut cependant en obtenir directement un avantage. En fait, les pièces noires qui doivent se défendre contre la menace d'invasion Cf5 ont une position assez maladroite dans le cas d'une percée à l'aile-dame. Nous dirons donc que Lasker a assiégé l'aile-roi pour couper les troupes ennemies de leur aile-dame, il va maintenant (par c3-c4) monter à l'assaut de l'aile gauche, obtenant ainsi deux avantages d'un coup :

- des faiblesses éclatantes vont apparaître ;
- les Fous vont de nouveau entrer en jeu.

Par exemple 42. c4-b4 43. Fc2 suivi de Dd1 et Fa4.

41. ... c5-c4
42. a3-a4 Fd8-b6
43. a4 × b5 Dd7 × b5

La faute décisive. Comme Lasker l'indique dans le bulletin du tournoi, il fallait échanger sur e3, par exemple 43. ... F × e3 44. F × e3 D × b5 suivi de a5-a4 et Ta8 et les Noirs peuvent encore résister.

44. Ce3-f5 Db5-d7
45. Df3-g4 f7-f6

Le Cf5 ne peut plus être chassé (par un quelconque Ce7). Les Noirs ont sur les deux ailes de grosses faiblesses que Lasker va exploiter sans trop d'efforts.

46. Fb1-c2 Fb6-c5
47. Tf1-a1 Te8-b8
48. Fd2-c1 Dd7-c7
49. Fc2-a4 Dc7-b6
50. Th2-g2 Tb7-f7
51. Dg4-e2 Db6-a6
52. Fa4-c6 ...

Menaçant b2-b4.

52. ... Cg8-e7

Parvenant enfin à chasser l'envahisseur f5, mais pendant ce temps, les Blancs sont devenus très forts à l'aile-dame.

53. Cf5 × e7 Tf7 × e7
54. Ta1-a4 e5 × f4

Un coup de pur désespoir.

55. g×f f5 56. e5 Cf6 57. T×c4 Cg4 58. T×c5 D×e2 59. T×e2 d×c 60. d6 Ta7 61. e6 Ta6 62. e7 Cf6 63. d7 C×d7 64. F×d7.

Abandon.

Cette remarquable partie est également caractéristique de la volonté d'espace de la paire de Fous.

Partie n° 39

Illustre de façon intéressante le rapport entre le jeu au centre et les attaques de diversion à l'aile. La façon dont l'attaque à l'aile dépend de la situation au centre éclate au grand jour

Une des quatre parties en consultation jouées simultanément

Blancs : E. ANDERSSON,
R. ENSTRÖM,
O. OEBERG

Noirs : NIMZOWITSCH

Upsala (Suède) 1921

1. e2-e4 e7-e6
2. d2-d4 d7-d5
3. Cb1-c3 ...

Il fallait jouer 3. e4-e5.

3. ... Ff8-b4
4. Ff1-d3 Cb8-c6

Une nouvelle idée...

5. Cg1-e2 Cg8-e7
6. 0-0 0-0
7. e4-e5 ...

Voilà qui a l'air bon.

7. ... Ce7-f5 !
8. Fc1-e3 f7-f6

Les Noirs ont surmonté leurs difficultés d'ouverture.

9. Fd3×f5 e6×f5
10. f2-f4 Fc8-e6

D'après le « principe » : le pion passé doit être bloqué.

11. Ce2-g3 Fb4×c3 !
12. b2×c3 Cc6-a5 !

Ce n'est qu'à contrecœur et après une longue réflexion que je me décidai à lancer cette attaque de diversion à l'aile qui paraît très indiquée, car les choses ne sont pas encore stabilisées au centre. Un des principes essentiels de *Mon système* veut qu'une action ne puisse être entreprise à l'aile, si la situation au centre n'est pas stabilisée. Les Blancs ne peuvent forcer l'adversaire à jouer f6×e5. S'il prend, il s'assure la case e5 (après T×f6), mais les Noirs peuvent, en amenant des troupes fraîches, résister très bien.

13. Dd1-d3 Dd8-d7
14. Tf1-f3 g7-g6
15. Cg3-e2 Tf8-f7 !
16. h2-h4 h7-h5
17. Rg1-h2 ! Ta8-f8 !

Les troupes fraîches (cf. note précédente).

18. Tf3-g3 Rg8-h7
19. Ce2-g1 ! ...

Voulant se rendre en g5 ou e5.

On remarque que les consultants sont des adversaires très sérieux, comme en témoigne leur art de la manœuvre.

19. ... Tf7-g7
20. Cg1-f3 Dd7-a4

Les Noirs poursuivent enfin leur attaque commencée au onzième coup. Cette lenteur est tout à leur honneur.

21. e5 × f6 Tf8 × f6
22. Cf3-g5 + Rh7-g8
23. Fe3-g1 Ca5-c4
24. Ta1-e1 Fe6-d7 !

Ce retrait stratégique très simple dévoile mon système défensif ; d'après *Mon système,* l'idéal de toute opération sur une colonne est l'invasion sur la septième ou huitième traverse. Ici, cependant, e7 et e8 sont à l'abri et la Tour g3 ne peut participer à l'action, puisque la case e3 lui manque.

25. Cg5-f3 Fd7-b5
26. Dd3-d1 Da4 × a2
27. Dd1-e2 ...

Diagramme 193

Après le vingt-septième coup blanc

27. ... Cc4-d6 !

Avec cette retraite s'inaugure une manœuvre qui semble faite pour neutraliser la colonne e. Le coup 27. ... Da3 serait moins bon (malgré l'idée de conserver le gain acquis par 28. ... Dd6). Qu'on en juge : 27. ... Da3 28. Ce5 Dd6 29. C × c4 F × c4 30. Df2 Te6 31. Te5 ! et les Blancs ont encore les chances de nulle, alors que le coup du texte gagne.

28. De2-e5 Cd6-e8 !

Menaçant du regroupement Tf6-d6 suivi de Ce8-f6 et le Cd6 et la Tf6 ont échangé leur place. Si les Blancs empêchent cette manœuvre par 29. Cf3-g5 (29. ... Te6 ? D × e8 + et mat dans les coups suivants), ils sont très forts sur la colonne e (cela est incontestable) ; mais une curieuse caractéristique de la position (l'enterrement de la Dame blanche) empêche les Blancs de de profiter de leur colonne, par exemple 29. Cg5 Fc6 ! 30. Tg3-e3 D × c2 ou Te1-e2 Da2-c4 (blocage) 31. Tg3-e3 a7-a5 gagne car Ce6 ? est impossible à cause de Te7 et aucun autre coup actif sur la colonne e ne peut être joué.

Voici quelle fut la suite :

29. Cf3-d2 Tf6-d6
30. c3-c4 Fb5-d7
31. Tg3-c3 Ce8-f6

La difficile remise en route a réussi (sous le feu nourri de l'adversaire).

32. c4 × d5 ...

Une grosse faute ! mais même après 32. De2 Te6 33. Dd1 Tge7, le jeu des Blancs était désespéré.

32. ... Cf6-g4 +
Abandon.

Deux finales pour finir

Diagramme 194

Jouée le 22 novembre 1922 à Vejle (Danemark) ; Nimzowitsch, simultanée contre vingt-cinq joueurs

Diagramme 195

Nimzowitsch-Seifert Jouée dans un petit tournoi à Leipzig, en novembre 1926

Comme l'indique la position du diagramme, les Noirs ont d'abord fait semblant d'attaquer à l'aile-dame par a7-a5, puis ont choisi l'aile-roi comme base de leur attaque. Les Blancs ont choisi une défense très tenace. J'avais le trait et jouai après quelque réflexion :

1. ... b6-b5 !

qui provoqua un immense étonnement parmi les spectateurs. Les Noirs n'ont pas de troupes à l'aile-dame ! Voici quelle fut la suite :

2. c4 × b5 Th6-h2
3. Cf1 × h2 Th8 × h2
4. Fe2-f1 Fd7 × b5 !

On commence à comprendre ! La poussée à l'aile-dame était une diversion contre l'aile-roi.

5. Ff1 × b5 Cf4-h3 +
6. Rf2-f1 Dg5 × e3
7. Dd1-e1 De3-g1 +
8. Rf1-e2 Dg1 × g2 +

suivi de mat en deux coups.

Le second exemple, pris dans l'actualité la plus récente, est caractéristique de la conjugaison de deux attaques de diversion (cf. diagramme 195).

La suite fut 1. ... h4 2. C×g3 h×g 3. Td2 et maintenant nous assistons à une poussée de l'autre côté.

3. ... a7-a5

Mon adversaire para ce coup par :

4. b4-b5 ...

Mais abandonna après 4. ... F×h3 5. g×h D×h3 + 6. Rg1 d6-d5 ! (la pointe !) car l'échec en c5 a des conséquences catastrophiques. Il fallait jouer 4. Ff1, par exemple 4. ... a×b 5. Tb2 c5 avec une consolidation qui promet la nullité.

Ainsi, terminons-nous le livre consacré au jeu positionnel ; nous allons examiner ce que fut la révolution échiquéenne de 1911-1914.

POSTFACE

Contribution à l'histoire de la révolution échiquéenne 1911-1914

1. La situation en 1911. Les premiers symptômes : je m'élève contre la conception arithmétique du centre (cf. les commentaires de quelques parties dans les revues d'échecs viennoises et allemandes). Mon article « La partie d'échecs moderne du Dr Tarrasch correspond-t-elle à... »

Dans le cadre d'un livre d'échecs, le manque de place m'interdit d'entreprendre une analyse circonstanciée et profonde du thème que je me suis proposé d'étudier. Je me contente donc de rapporter les articles de cette époque sans vouloir faire de polémique.

En 1911, je menais dans mes parties contre Salwe et Löwenfisch (Karlsbad), la première attaque contre la conception arithmétique du centre, qui voyait le salut dans les seuls pions. Je donnerai, sur ce sujet, plus de détails dans les commentaires.

Par la suite, je commençais à douter de la puissance de l'avance du centre de pions. Je découvris la manière de jouer 1. e4-c5 2. Cf3-Cf6. Partie de référence : Spielmann-Nimzowitsch, San Sebastian 1911.

De même, je fus le premier à prendre en considération une manœuvre aujourd'hui admise par tous : le jeu contre un ensemble de cases faibles d'une certaine couleur. On se référera à mon ouverture contre Tarrasch en 1912 : e4 c6 d4 d5 e5 Ff5 Fd3 F × d3 D × d3 e6 Cf3 Db6 ! suivi de Da6. Cet échange signifie un jeu contre les cases blanches faibles. J'accentuai encore cette manière de jouer dans ma partie contre Léonhardt (San Sebastian 1912).

Il n'est pas nécessaire de rapporter ici toute la charge d'ironie et les moqueries qui s'abattirent sur moi ; personne dans toute l'histoire des échecs ne fut aussi maltraité que moi. Le salaire pour mes idées nouvelles me fut versé sous forme d'injures, dans le meilleur des cas, sous forme d'une indifférence et d'un silence absolus.

1913 fut l'année de la révolution... elle se manifesta sous la forme de l'article ultra-révolutionnaire que nous présentons dans ce qui suit et que j'ai épuré pour lui enlever toute force polémique. Je précise que lorsque je nomme Tarrasch dans cet article, je pense toujours bien plus à toute l'Ecole dont il est le représentant le plus éminent, qu'à lui-même personnellement.

« La partie d'échecs moderne » du Dr Tarrasch, représente-t-elle vraiment une conception moderne ?

Nouvelles pensées sur des échecs modernes et non modernes par A. Nimzowitsch

(paru en 1913, dans la *Revue d'Echecs viennoise*, cahiers 5-8)

Le recueil de parties publié par le Dr Tarrasch sous le titre cité plus haut est, en vérité, un manuel critique des ouvertures présenté sous une forme singulière.

Tout le schéma, au demeurant fort judicieusement choisi, selon lequel travaille Tarrasch, consiste en ceci qu'il réunit les parties commentées par lui selon les ouvertures, dans un jeu qui va des manières de jouer insuffisantes aux bonnes manières, pour culminer finalement sur la « seule manière exacte » de jouer.

De tout cœur, je souhaite à ce livre une large audience : on y trouve de la méthode et il est très clair.

Malgré cela, il ne m'apparaît pas du tout que la conception de Tarrasch recoupe la conception réellement moderne.

Le Dr Tarrasch est et restera avant tout pour nous l'auteur des *300 parties d'échecs*. C'est lui qui, par ce livre, répondit le premier aux besoins du public, en donnant des principes, en exposant des connaissances strictement logiques. Avant lui, tous les livres d'échecs étaient soit des suites de variantes, soit des ouvrages trop difficiles (Steinitz !).

Steinitz, en général, n'avait qu'un seul défaut : celui d'avoir au moins cinquante ans d'avance sur ses contemporains ! Cela explique qu'on ait pu le taxer de baroque et, il n'est pas indifférent de remarquer que ce fut précisément le Dr Tarrasch, son vulgarisateur, qui fut à l'origine de cette opinion totalement dénuée de fondement.

Mais, revenons-en aux *300 parties d'échecs* : même si le Dr Tarrasch n'y apporte que peu de son propre cru (les idées étant toutes de Steinitz), je définirai tout de même l'ouvrage comme un classique où sont présentés les éléments primordiaux du jeu.

Dans cet excellent livre, nous pouvons trouver de nombreux exemples scolaires, illustrant l'exploitation de la colonne ouverte c ou comment se dérober à l'action de la colonne ouverte (partie contre V. Schevel), ou comment miner un centre de pions avancé sans raison et sans protection de pion suffisante (e4 et d5, partie avec Metzger), ou encore, l'usage à faire de la paire de Fous, suivi de l'avance caractéristique des pions pour mettre à l'étroit le Cavalier adverse contre Richter.

Et, tout particulièrement, des exemples devant, selon le Dr Tarrasch, nous mettre en garde contre l'abandon du centre, qui est à éviter à tout prix.

Là, comme ailleurs, il reste inexorablement dans la norme.

Mais le jeu est à présent beaucoup plus compliqué : la conception est plus profonde. De nouvelles idées cherchent à s'imposer... Dans de nombreux domaines, tout particulièrement à propos de « l'abandon du centre », on n'est plus aussi rigoureux, je dirais volontiers orthodoxe, que par le passé.

Néanmoins, les nouvelles conceptions laissent le Dr Tarrasch froid, comme nous nous en apercevons une fois de plus à la lecture de son livre : *La partie d'échecs moderne*. Que nous dit-il de la partie française, par exemple ? Comme chacun sait, c'est la partie où le problème du centre est le plus important et éclipse tous les autres. Que ce soit la partie fermée caractérisée par la chaîne de pions e5, d4, c3 et f7, e6, d5, éventuellement c4, ou la variante caractérisée par la prise d5 × e4, ou encore la variante d'échange apparue après les coups e4 × d5-e6 × d5, dans tous les cas le problème du centre occupe le devant de la scène.

Le problème apparaît particulièrement d'un point de vue « plastique » dans la variante 3. ... d5 × e4. Cette façon de jouer est fréquente, étudiée avec amour et attention depuis plus de vingt ans, en dépit des puristes qui fustigent l'abandon du centre. Et, ceci avec le plus grand succès, puisque l'amélioration découverte par Rubinstein (b7-b6) rend douteux le coup 3. Cb1-c3 et me poussa à ressusciter la façon de jouer 3. e4-e5, avec laquelle j'obtins – toujours en dépit des puristes – les meilleurs résultats.

Dans son nouveau livre, le Dr Tarrasch se met à la tête des puristes, dans la mesure où il ignore totalement la façon de jouer si profonde d5 × e4 ! La seule partie qu'il présente à ce propos : 1. e2-e4 e7-e6 2. d2-d4 d7-d5 3. Cb1-c3 d5 × e4 ? (le ? est du Dr Tarrasch). 4. Cc3 × e4 Fc8-d7 (n° 187) (comme on le sait, le coup juste est 4. ... Cb8-d7) n'a envisagé dans le coup moderne d5 × e4 que le coup et non l'idée. Et les circonstances qui font qu'il choisit précisément la suite terne Fd7, parmi les multiples possibilités s'offrant à lui (qu'on se reporte aux nombreuses et brillantes parties gagnées par Rubinstein avec cette variante), sont éloquentes !

Admettre la disparition d'un pion au centre (d5 × e4) ne signifie pas de loin, l'abandon (diagramme I).

Le concept du centre est bien plus large ! Qu'on lise mes explications dans la *Revue d'échecs allemande* de 1912 (Nimzowitsch-Salwe).

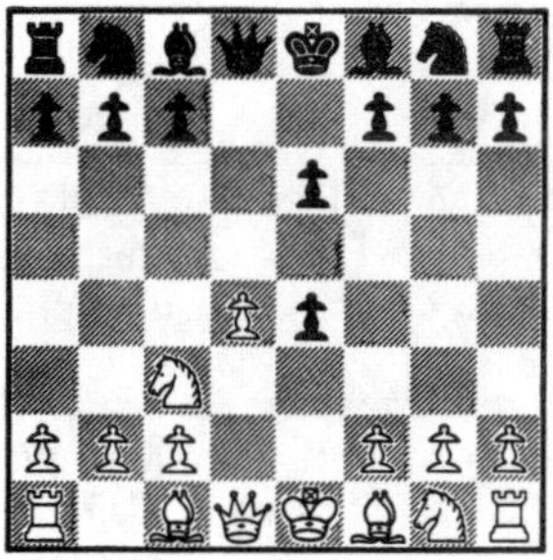

Sans doute, les pions sont-ils les plus indiqués pour former le centre, car ils sont les plus stables, mais des pièces placées au centre peuvent très bien remplacer les pions. De même, une pression exercée sur le centre adverse par des Tours ou des Fous, peut être de grande signification !

C'est là, la conception véritablement moderne, celle que je défends.

Le Dr Tarrasch, cependant, gratifie d5 × e4 d'un point d'interrogation : « Abandon du centre ! » Et, pourtant, les Noirs ont ici bien plus solidement pris pied au centre (d5 !) avec leur colonne d et la diagonale b7-h1 ! que leur adversaire ! Cela, malgré « l'abandon du centre ».

Je ne méconnais pas la très haute valeur éducative du point de vue positionnel pour le débutant, de la norme de Tarrasch. Mais cette valeur est bien plus discutable pour des joueurs avancés et expérimentés.

Voilà en ce qui concerne la variante 3. ... d5 × e4.

Intéressons-nous maintenant à la variante 3. e4-e5. Ce coup, introduit par moi, déplaît au Dr Tarrasch. Dans sa présentation de la partie contre Léonhardt, il écrit « les Blancs transforment la partie en gambit avec toutes les chances et contrechances qui en résultent. c2-c3 était plus correct ».

Le fondement philosophique de la variante 3. e4-e5 que j'ai élaborée et qui m'autorise à considérer 3. e4-e5 comme mon œuvre, est le suivant (diagramme II).

II

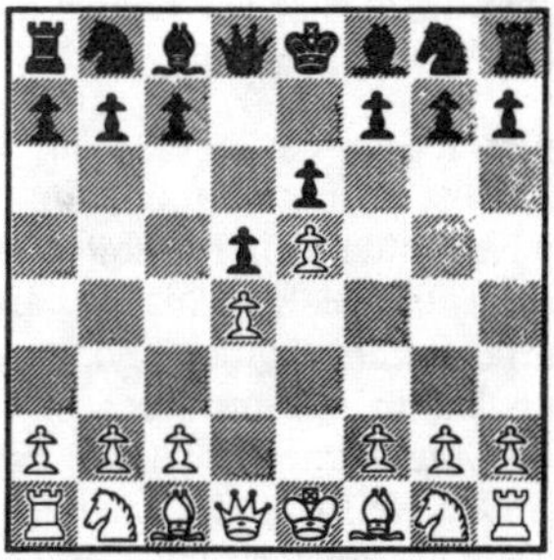

Avec le coup e4-e5, les Blancs reportent leur attaque de d5 en e6, qu'ils immobilisent par le coup e4-e5 d'après la règle « un objet d'attaque doit d'abord être immobilisé ». Le résultat est une chaîne de pions se bloquant mutuellement. La conduite habituelle est alors la destruction de la chaîne de pions qui nous oppresse ; ces attaques doivent être dirigées vers la base de la chaîne de pions, les Noirs jouent contre d4, les Blancs contre e6, voilà le fin mat ! (c7-c5, respectivement f2-f4-f5). D'ailleurs, les Noirs peuvent transporter leur attaque de d4 en c3 (c5-c4 = fixation du pion c3 suivi de b7-b5-b4, etc.) suivant des lois que j'ai établies « l'attaque d'une chaîne de pions peut être transposée d'un maillon de la chaîne à un autre ».

Mais, quel est le moment adéquat pour cette transposition ?

Décider de cela est très difficile, mais d'habitude, on peut noter dans les positions certains empêchements.

Le coup e4-e5 doit déjà intervenir au troisième coup, car la tendance à retarder la transposition jusqu'au moment où on pourrait jouer e4-e5, avec un éventuel gain de temps (attaque du Cavalier f6), semble peu réaliste. Et, voici pourquoi.

L'interdiction de la case f6 au Cavalier est symptomatique de la mise à l'étroit de l'aile-roi noire. Par contre, si les Blancs laissent aux Noirs, ne serait-ce qu'une seconde, la case f6, ils en profitent et ils peuvent ainsi entrer avantageusement en jeu par f6, et alors, la mise à l'étroit apparaîtra fort illusoire.

Je ne suis certes pas un joueur de gambit, mais une politique de mise à l'étroit conséquente (e4-e5 au troisième coup) mérite bien un sacrifice de pion !

C'est ainsi qu'on doit considérer mes sacrifices de pions contre Léonhardt (San Sebastian 1912).

Le Dr Tarrasch est à des milliers de lieues de cette conception nouvelle et moderne. Pour s'en convaincre, il suffit de lire sa remarque où il me condamne pour être un joueur de gambit.

Par ailleurs, 3. Cb1-c3, comme on nous le recommandait, est incorrect, à cause de 3. ... d5 × e4.

Passons à la variante classique 3. Cc3 Cf6 4. Fg5 Fe7 5. e5-Cd7 6. F × F D × F. Nous regrettons l'omission des variantes d'Alapin.

Les remarquables résultats d'Alapin – je pense à la variante f7-f6 (7. Cb5-Cb6 8. c3-a6 9. Ca3 f7-f6) ou à la magistrale manœuvre stratégique Cb8-c6-d8-f7, après avoir bloqué le pion f4 par f7-f5, suivi de g7-g5 – sont le moyen de nouvelles recherches et ne doivent pas être négligés.

Un autre traitement, moins apprécié par le Dr Tarrasch, est la spirituelle idée de Svenonius dans la variante normale : 1. e2-e4 e7-e6 2. d2-d4 d7-d5 3. Cb2-c3 Cg8-f6 4. e × d e × d et maintenant Fc1-g5 Fd3 et Ce2 qui semble être très fort. Le Dr Tarrasch se contente d'y faire allusion.

De toutes les remarques de Tarrasch sur la partie française, les seules qui présentent quelque intérêt théorique, sont celles qu'on trouve dans ses commentaires des parties qu'il a jouées contre Teichmann et Lowtzky. Il s'agit d'un traitement purement positionnel de la variante classique (indiqué par Rubinstein). 4. Fg5 qui, en renonçant à la position agressive du Fou en d3, abandonne le centre pour l'occuper efficacement par les pièces (Ce5, etc.).

Des principes qui nous sont très sympathiques et que j'avais illustrés triomphalement il y a déjà longtemps (à Karlsbad en 1911, dans mes parties contre Löwenfisch et Salwe) et, particulièrement, dans la variante 3. e4-e5.

Bien entendu, la courte remarque aphoristique de Tarrasch sur la bonne stratégie à employer dans la « Française » ne saurait tenir lieu d'analyse des grandes variantes existantes : I. 3. ... de2 ; II. 3. e4-e5 ; III. Cc6 Alapin ; IV. Svenonius.

Considérons un instant l'Espagnole (3-113). A nouveau, le même tableau ! La même surestimation de l'importance du centre (c'est-à-dire de son occupation par des pions) et, en rapport avec cela, la peur panique de son abandon.

Nous avons déjà expliqué qu'une telle façon de voir repose sur une conception lacunaire et erronée du centre.

Une conséquence directe de cette façon de voir est la condamnation sans appel que prononce Tarrasch contre la défense resserrée. Car, comme elle peut facilement conduire à un abandon du centre, elle règle déjà leur sort aux jeux de Tarrasch.

La ronde des défenses « insuffisantes » dans l'ouverture espagnole débute cette fois-ci sur la variante Steinitz d7-d6 ? (le point d'interrogation est du Dr Tarrasch) avec ou sans a7-a6.

Après les coups **1. e2-e4 e7-e5 2. Cg1-f3 Cb8-c6 3. Ff1-b5 a7-a6 4. Fb5-a4 Cg8-f6 5. 0-0 Ff8-e7 6. Tf1-e1 d7-d6 7. Fa4 × c6 b7 × c6 8. d2-d4 e5 × d4 9. Cf3 × d4 Fc8-d7** (diagramme III) le Dr Tarrasch pense que les Blancs sont mieux à cause de leur jeu « plus libre » qui permet toutes sortes d'attaques (page , partie , huitième coup).

III

Si le Dr Tarrasch voulait bien ne pas décider de la valeur intrinsèque de la position, d'après des caractéristiques rigoureusement extérieures comme le « libre jeu », et s'il prenait en compte la seule chose véritablement déterminante, c'est-à-dire la situation au centre, il n'aurait jamais dit et ne dirait plus jamais que la position blanche est meilleure.

Intéressons-nous à la valeur intrinsèque de cette position.

Remarquons tout d'abord : *Blancs :* e4 ; *Noirs :* d6, c6, c7. Ceci nous indique le nœud de la position et nous montre l'indiscutable tendance qu'ont les Noirs à miner le centre e4 par f5 ou d5 ; ensuite, nous reconnaissons pour base d'opération normale la colonne e pour les Noirs et la colonne d pour les Blancs. Les Noirs vont s'inscruster en e5 (c'est en effet la base formée par d6 pour de nouvelles opérations) ! Il se passe la même chose du côté des Blancs, qui s'efforcent d'occuper d5 par l'intermédiaire de e4 et d'utiliser la colonne d : à cela, le pion noir c6 essaye de s'opposer.

Nous retiendrons que les Noirs ont une plus grande action sur la colonne e que les Blancs sur la colonne d, c'est-à-dire que les Noirs exercent une plus grande pression sur le centre blanc que les Blancs n'en exercent sur le centre noir.

Cela mis à part, notons encore que la masse compacte d6, c6, c7, constitue une force de manœuvre pleine de possiblités, qui pourra se dresser contre l'aile-dame ennemie (par exemple : c5 et a5 contre le pion b3).

Il n'est donc pas possible de parler d'un avantage pour les Blancs dans cette position, cela est démontré de façon éclatante par les parties Lasker-Janowski et Lasker-Schlechter.

En tout cas, il est clair que les exigences modernes ne se satisfont pas de jugement du genre « un jeu plus libre » pour évaluer une position aussi difficile.

Ce que nous recherchons, c'est une analyse profonde à partir du « nœud » de la position ! De bons mots comme « libre jeu » ou « jeu tranquille » ne nous suffisent plus !

Nous ne pouvons manquer de donner encore un exemple marquant.

Après les coups **1. e2-e4 e7-e5 2. Cg1-f3 Cb8-c6 3. Ff1-b5 a7-a6 4. Fb5-a4 Cg8-f6 5. 0-0 Ff8-e7 6. Tf1-e1 d7-d6 7. c2-c3 Fc8-g4 8. d2-d4 Cf6-d7 9. d4-d5** (diagramme IV, Lasker-Janowski, tome I), Tarrasch fait la remarque suivante, qui est très caractéristique de sa façon de penser : « ce coup (d4-d5) est presque mauvais,

IV

lorsque les Noirs peuvent entamer une contre-attaque par f7-f5 ». Cela est faux. Le coup f7-f5 n'est qu'une réaction naturelle au coup d5 et, comme tel, il n'est pas à craindre.

Une petite mise au point, après l'analyse de la position, nous en convaincra.

Grâce aux coups d4-d5, les Blancs reportent l'attaque de e5 en d6 (la manœuvre e4-e5 dans la Française est analogue). Ceci se fera par c3, c4, c5, mais il faut compter avec la contre-attaque noire contre la chaîne de pions, par f7-f5 (ce qui correspond à c7-c5 dans la Française).

Rien n'indique que les Blancs auront le dessus dans cette variante, pas même « l'expérience » à laquelle le Dr Tarrasch qui se veut pourtant théoricien semble se référer avec tant de plaisir.

La conséquence de la poussée d4-d5 dans la partie ci-dessus, est illustrée par la position du diagramme V.

V

On le voit, la position s'est développée : les Blancs sont prêts à pousser c5, tandis que les Noirs espèrent opérer sur la colonne f. L'ouverture de la colonne est cependant la seule chose qu'aient obtenue les Noirs par f7-f5. Le centre blanc – et c'est là l'important – n'a nullement souffert de cette poussée. Certes, les Blancs ont « abandonné » le centre, mais le Cavalier e4 épaulé par l'autre Cavalier, remplace parfaitement le pion e4 et règne souverainement sur l'échiquier.

Le fait que Lasker ait perdu cette partie, ne porte en rien atteinte à la valeur du coup d4-d5.

« A propos »* de d4-d5, nous allions oublier une des nombreuses et magnifiques parties de Maróczy dans laquelle il mena à bien l'astucieux stratagème que voici : il répondit à la « terrible » avance f5, en prenant placidement, et ce, à un moment où il était consciencieusement protégé par son collègue en g6 ! Le résultat fut : deux pions en e5 et f5. Un ravissant spectacle !

Ils étaient quelque peu « en l'air » ces pions, et cela suffit à Maróczy pour les assiéger systématiquement et les détruire.

Il reste encore quelque chose à dire à propos de la « meilleure défense » : 3. ... a6 4. Fa4 Cf6 5. 0-0 C× e4 (!) (le point d'exclamation est du Dr Tarrasch). La nouveauté de Schlechter Cc6 × d4 (après C× e4 6. d4 b5 7. Fb3-d5 8. a4? Cc6 × d4) a en fait remis en question la valeur de a2- a4, mais cela ne signifie pas, loin de là, que le jeu des Blancs a perdu toute acuité ! Le jeu des

* En français dans le texte.

Blancs ne repose d'ailleurs pas sur l'occupation de la colonne a (celle-ci n'est qu'une « liberté » de plus) mais sur la position du pion e5 après d4 × e5, Fc8-e6, et sur la possibilité de devenir désagréable par Cd4 (par exemple 9. Cd4 Cc6 × d4 10. c × d) à cause du pion arriéré c7. Enfin, M. Malkin a montré dans la « Schachwelt » avec force analyses, que le Dr. Tarrasch surestime bien trop le coup C × e4!

Dans ce travail à propos de la variante des quatre Cavaliers, il manque la variante Rubinstein 4. ... Ff8-c5 5. Cf3 × e5 Cc6-d4 (Tarrasch-Rubinstein, San Sebastian 1912), ainsi que la variante jouée avec succès par Spielmann contre Tarrasch à Hambourg et qui suffit sans doute à réhabiliter la variante Cc6-e7.

On remarquera également le peu d'attention qu'accorde le Dr Tarrasch à la nouvelle variante 6. F × c6, trouvée et analysée par moi ; et ce, malgré la sympathie générale que cette manière de jouer a suscitée (Capablanca l'a en effet reprise).

Passons maintenant au gambit-dame. Si nous avions beaucoup à redire aux travaux du Dr Tarrasch sur l'Espagnole, la Française et la variante des quatre Cavaliers, nous devons ici le louer sans réserve. La classification est très claire et la conception de Tarrasch est puissante. Son choix de parties est de la même valeur.

Une chose reste cependant obscure : pourquoi le Dr Tarrasch s'obstine-t-il à qualifier « d'orthodoxe » la variante **1. d4-d5 2. c4-c6 3. Cc3 Cf6** qui recèle encore aujourd'hui nombre de possibilités et qui a les capacités (précisément maintenant) de redevenir moderne. Et, d'autre part, pourquoi qualifie-t-il de « moderne » sa variante à lui, cette variante fade **3. ... c7-c5,** dont on peut dire tranquillement aujourd'hui que son sort est réglé ?

Je me demande qui peut trouver de l'intérêt à choisir une variante, dans laquelle (c'est le cas pour la variante c7-c5) on se retrouve avec un « pion isolé » qui peut être stoppé dans toutes les règles de l'art – pensons au Fou b2 – et « fixé » par l'autre Fou en g2. Qui, on se le demande, qui vraiment peut choisir pareille variante ?

Voici le minimum auquel peuvent parvenir les Blancs, s'ils sont modestes, après **1. d2-d4 d7-d5 2. c2-c4 e7-e6 3. Cb1-c3 c7-c5 ? 4. c4 × d5 e6 × d5 5. Cd1-f3 Cb8-c6 6. g2-g3 Fc8-e6 7. Ff1-g2 Ff8-e7 8. 0-0 Cg8-f6** et même b2-b3 au neuvième coup, si on le désire (diagramme VI).

VI

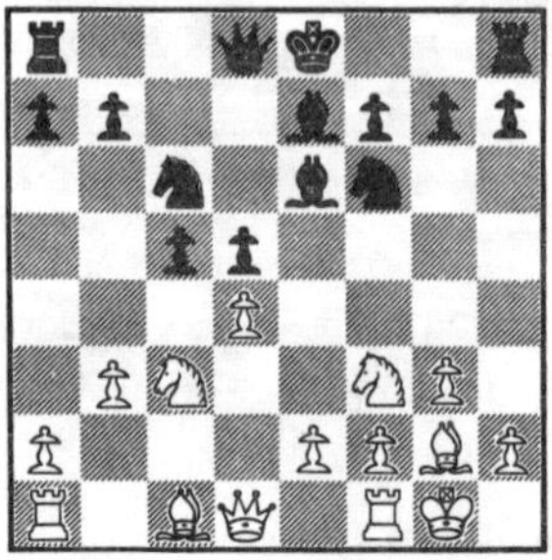

Cette variante peut-elle paraître attirante à quelqu'un, alors que la variante hypermoderne 3. ... Cf6 qualifiée à tort par Tarrasch d'« orthodoxe » lui offre un développement sûr, un jeu solide et une initiative durable ?

Une preuve de plus du caractère inopérant des arguments qu'on oppose à 3. ... Cf6 : après **1. d2-d4 d7-d5 2. c2-c4 e7-e6 3. Cb1-c3 Cg8-f6! 4. Fc1-g5 Ff8-e7 5. e2-e3 Cb8-d7 6. Cg1-f3 0-0** est apparue une situation où les Blancs s'étant assuré un « jeu libre », un « gain de temps » et un « développement rapide », ne savent plus que faire : 7. Fd3 coûterait un temps après d×c, Tc1 ne serait pas bienvenu pour d'autres raisons et **Dc2** – la dernière excuse – permet de mener à bien la manœuvre maintes fois éprouvée par Teichmann : **7. ... c7-c5!** (maintenant le coup est juste !) **8. 0-0-0 Da5!**

Même la très « vieille » variante (qui est cependant encore tout à fait vaillante) avec b7-b6, a ses mérites. Qu'on rejoue la partie Pillsbury-Schlechter (Hastings 1895).

Une autre défense irrégulière est aujourd'hui également très moderne : la « Hollandaise » que le Dr Tarrasch traite avec condescendance, et la variante Hanham.

Cette dernière est une pierre dans le jardin de M. le docteur Tarrasch. Il ne peut supporter que le thème de la liberté de manœuvre des pièces, dont il a fait son évangile, soit subordonné à la notion de « structure de pions ».

Et, là aussi, la pratique contemporaine lui donne tort : récemment, cette conception de jeu profonde mais téméraire, a trouvé un nouvel adepte en la personne de Capablanca.

Nous avons cherché en vain, dans les « parties d'échecs modernes », la partie modèle classique à propos de la variante Hanham (Teichmann-Nimzowitsch, San Sebastian 1911), reprise par tous les manuels.

Pour finir, quelques mots sur la Caro-Kann et la Scandinave **1. e2-e4 d7-d5.**

La première de ces ouvertures est qualifiée par Tarrasch de « certainement incorrecte » car 1. ... c7-c6 ne fait rien pour le développement. C'est une fois de plus le critère archaïque et inutilisable que le Dr Tarrasch affectionne tout particulièrement pour juger de la valeur des ouvertures.

Le coup 1. ... c7-c6 est la mise en œuvre d'un plan ambitieux qui veut prouver que e2-e4 est prématuré ; c'est du moins ainsi que je comprends fondamentalement la variante c7-c6 ; si les créateurs de la variante en ont compris toute la profondeur, voilà une question que nous laisserons en suspens ; une seule chose est sûre : cette ouverture a un grand avenir.

Qu'on pense à ma nouveauté vraiment révolutionnaire : **1. e2-e4 c7-c6 2. d2-d4 d7-d5 3. e4-e5 Fc8-f5 4. Ff1-d3 Ff5×d3 5. Dd1×d3**

e7-e6 6. Cg1-f3 Dd8-b6 7. 0-0 (diagramme VII) **Db6-a6,** c'est-à-dire qu'on renonce au coup c7-c5 passé dans les mœurs depuis des dizaines d'années, pour exploiter les cases « blanches » devenues faibles (par suite de l'échange du Fou d3) et on voit les possibilités de développement qu'offre la Caro-Kann. De tout cela, le Dr Tarrasch ne souffle mot.

VII

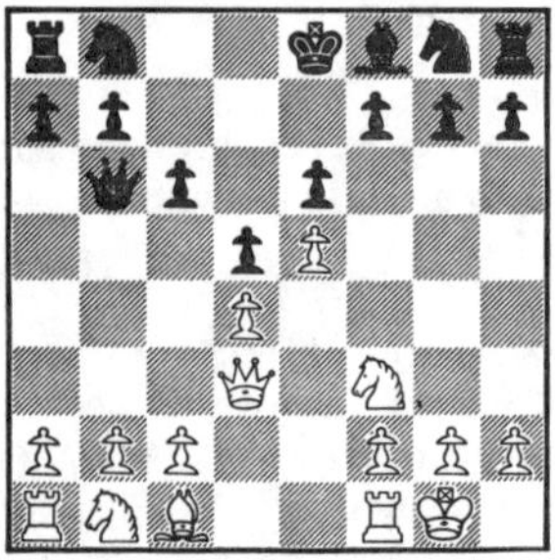

Le Dr Tarrasch ne donne que trois exemples de Caro-Kann ; il trouve par contre indiqué de donner dix exemples de parties scandinaves. Un seul aurait suffit : la partie Rubinstein-Bernstein (San Sebastian 1911) dans laquelle Rubinstein règle définitivement son compte à la recette de Lasker 1. ... d7-d5! Malheureusement, c'est exactement cette partie qui manque.

Il serait intéressant de faire une comparaison entre la Caro-Kann et la Scandinave : toutes deux visent e4. Mais alors que la première prépare la poussée d5 pour lui donner la force nécessaire, la deuxième tient avant tout à ne pas perdre de temps de développement (!) et joue immédiatement 1. ... d7-d5, ce qui donne aux Noirs un jeu très libre mais perdant !

Ainsi, en passant en revue un certain nombre d'ouvertures différentes, nous avons pu faire connaissance avec les conceptions et idées du Dr Tarrasch. Nous avons eu l'occasion d'admirer sa « rectitude » qui parfois atteint (comme ses *300 parties d'échecs)* le classicisme ; mais, nous avons également vu combien elles l'amènent à des jugements souvent superficiels, portés à partir de caractères purement extérieurs.

Expliquons-nous mieux : sa conception étroite de la stratégie centrale ne correspond en rien aux conceptions modernes ; il en va de même de son habitude de négliger ce qui pourtant caractérise et fait une position : la structure de pions (et ce, particulièrement au centre). De ce point de vue, nous devons refuser comme étrangers au développement de la philosophie échiquéenne ses termes fondamentaux comme « jeu libre », « défense resserrée », etc. Nous avons dû particulièrement insister sur le fait que nous ne pourrions jamais trouver un terrain d'entente avec le Dr Tarrasch, lorsqu'il considère que le centre est « abandonné », sitôt que la totalité des pions du centre a disparu.

Mises à part ces lacunes, ce livre nous donne beaucoup de leçons édifiantes. La littérature échiquéenne s'est en tout état de cause enrichie, avec *La partie d'échecs moderne,* d'un livre, certes absolument pas moderne, mais très intéressant et à recommander. Le débutant qui aborde le jeu positionnel pourra faire des progrès à l'école de la « rectitude tarraschéenne ». Le connaisseur même trouvera d'intéressants aspects dans l'œuvre du Dr Tarrasch.

2. Les thèses révolutionnaires

a) **le centre « élastique » ;**
b) ***la valse de pions*** **est inoffensive ;**
c) **la faiblesse d'un ensemble de cases d'une certaine couleur.**

Si on examine de plus près l'article précédent « la partie moderne du Dr Tarrasch », on remarquera que ce qui est visé en premier lieu, c'est la conception arithmétique du centre. Ce qui compte en vérité, c'est le plus ou moins grand degré de mobilité du centre adverse : s'il est handicapé, il est faible ; s'il est bloqué, il est déjà à moitié perdu.

L'article (et plus encore cet autre article paru sous le titre « Mon Système » dans la *Wienersehz)* combat la conception formaliste des éléments du genre pion arriéré, cible, etc. En fait, il ne s'agit toujours que de la « valeur intrinsèque » de la position (et elle est indiquée par le squelette de pions) et non pas de « jeu libre » ou d'autres théories semblables. Dans l'article « La partie moderne... » on a beaucoup insisté sur l'intérêt qu'il y a à agir contre un ensemble affaibli de cases d'une certaine couleur. Autre idée nouvelle : un blocage parfait vaut bien un sacrifice de pion (jusqu'alors on ne connaissait que le lien logique entre « sacrifice » et « attaque », mais pas celui existant entre « sacrifice » et « blocage »). Rappelons encore que le « caractère relativement inoffensif » de *la valse de pions* avait déjà été reconnu en 1911 (partie de référence : Spielmann-Nimzowitsch) et nous constatons avec plaisir que nous avons fait le tour de tous les éléments dont s'est préoccupée l'école hypermoderne.

L'idée, à tous points de vue très profonde, de Réti, selon laquelle le développement doit déjà comporter des plans de combat, est certes juste, mais n'est pas à proprement parler un élément de la tendance hypermoderne ; cela, les Classiques le savaient déjà. On en dira autant d'un percutant essai de Tartakower, pour montrer que le « nouveau » réside dans « la variabilité des faiblesses ». (« On peut traiter une force adverse comme une faiblesse. ») Nous verrons plus loin que cette conception repose sur une certaine négligence du concept de « faiblesse réflexe ».

3. La théorie révolutionnaire est transposée en une pratique révolutionnaire. La partie référence du gambit-dame idéal

Durant l'été 1913, j'avais joué vingt à vingt-cinq parties sérieuses avec mon élève et partenaire d'entraînement, l'agronome Giese. Il s'agissait pour moi de mettre à l'épreuve mes nouveautés tellement opposées à la tradition (= je renonçais totalement à l'occupation du centre par des pions). Nous ne trouvâmes aucune réfutation, j'ajouterai entre parenthèses que personne n'en a encore trouvé à ce jour, et je tentai donc le coup : je jouai ces variantes dans le tournoi national des maîtres russes. Le manuscrit s'égara mais finalement je réussis à retrouver la partie dans une rubrique d'échecs. Nous vous la présentons et il faut dire que c'est un document de la plus haute valeur du point de vue de l'histoire échiquéenne.

Partie n° 40

Partie type d'un gambit-dame, jouée au tournoi des maîtres de toutes les Russies à Saint-Pétersbourg, le 28 décembre 1913 à la quatrième ronde

Blancs : GREGORY
Noirs : NIMZOWITSCH

1. d2-d4 Cg8-f6
2. Cg1-f3 e7-e6
3. Fc1-g5 ...

Si 3. c4, j'aurais joué b7-b6. Le point d5 doit toujours être inoccupé.

3. ... h7-h6
4. Fg5 × f6 Dd8 × f6
5. e2-e4 g7-g6

Les Noirs possèdent les Fous et entendent les garder.

6. Cb1-c3 Df6-e7 !

Pour ne pas être exposé après d7-d6, au danger de voir le jeu s'ouvrir par e4-e5.

7. Ff1-c4 Ff8-g7
8. 0-0 d7-d6
9. Dd1-d3 0-0
10. Ta1-e1 a7-a6
11. a2-a4 b7-b6
12. Cc3-e2 ...

La mobilité du centre blanc est très réduite, chaque poussée pouvant être facilement repoussée, par exemple 12. e5 d5 ! ou 12. d5 e5 !

12. ... c7-c5

Diagramme 196

Après le douzième coup des Noirs. La position critique d'un gambit-dame idéal

Apparition d'un stratagème qui intéressera tous les « hypermodernes » : la continuité d'une attaque dirigée contre une masse de pions. Quest-ce à dire ? Il faut d'abord enlever à l'avance ennemie tout son venin (ce qui est arrivé ici par 6. ... Df6-e7 !). Ceci une fois effectué, on pourra considérer cette masse comme pratiquement morte et l'attaquer, car on ne doit prendre pour cible que des objets réduits à l'immobilité.

13. c2-c3	**Fc8-d7**
14. b2-b3	**...**

On pouvait envisager 14. Cd2, par exemple F × a4 15. f4 avec certaines chances.

14. ...	**De7-e8**
15. Dd3-c2	**b6-b5**
16. a4 × b5	**a6 × b5**
17. Fc4-d3	**De8-c8 !**
18. d4 × c5	**d6 × c5**
19. e4-e5	**Cb8-c6**
20. Fd3 × b5	**...**

Si 20. Cg3 b4, par exemple 21. c4 Fe8 ! avec un meilleur jeu.

20. ...	**Cc6 × e5**
21. Cf3 × e5	**Fd7 × b5**
22. Ce5-f3	**Dc8-b7**
23. Cf3-d2	**Fb5-c6**
24. f2-f3	**Tf8-b8**

Les Fous se mettent à présent en valeur.

La suite en notation abrégée :

25. Cg3 Da7 26. Tf2 Fd5 27. Rf1 Da2 28. D × a2 T × a2 29. c4 Fd4 30. Tfe2 Fc6 31. Td1 Tb2 32. Tc1 h5 33. Re1 Ta8 (menace de paralyser le jeu adverse par Taa2, car Tb1 est impossible à cause de T × b1 + suivi de Ta1). **34. Ch1 ! Taa2 35. Cf2 T × d2 36. T × d2 T × d2 37. R × d2 F × f2** (le gain est encore lointain. Les Noirs vont donc tout d'abord louvoyer contre c4, mais ils conservent la possibilité de pénétrer avec le Roi en g3 [par exemple au soixante-dixième coup] ; mais cela seul ne serait toujours pas suffisant ; les Noirs doivent encore user de la majorité de pions. Le seul fait de recourir à cette solution pose un problème, car la position s'en trouve affaiblie et il ne faut pas plaisanter avec le pion c.) **38. Tb1 Rf8 39. b4 c × b 40. T × b4 Re7 41. Tb8 Fd4 42. Tc8 Fd7 43. Ta8 e5 44. Rc2 Fc6 45. Tc8 Fa4 + 46. Rd3 Fd7 47. Tc7 Rd6 48. Tb7 Fg1 49. h3-h4** (g3 paraît prêt à être envahi) **50. Tb8 Fe6 51. Ta8 Fb6 52. Th8 Ff2 53. Ta8 Ff5 + 54. Re2 Fb6 55. Th8 g5 56. Tg8 f6 57. Tf8 Re7 58. Tb8 Fd4 59. Tb5 Fg6 60. Ta5 Ff5 61. Ta6 Fc8 62. Tc6 Fd7 63. Ta6 Fc5 64. Rd3 Ff5 + 65. Re2 e4 !** (enfin voilà le moment crucial !) **66. Tc6 Fd4 67. Ta6 Fe6 68. Ta4 e3 ! 69. Rd3 Fc5** (menaçant de l'expédition du Roi en g3) **70. Ta6 F × c4 +**. Abandon.

4. D'autres combats historiques

La partie précitée ne manqua pas de provoquer un réel intérêt ; les imitateurs, toujours là, ne firent pas défaut cette fois-ci non plus, et certains essayèrent mes nouveautés dans le même tournoi. Ce n'est que lorsque Lewitzky coula corps et biens contre Flamberg, que les Maîtres comprirent que cette façon de jouer, radicalement nouvelle, exigeait quand même un certain travail d'assimilation ; une nouvelle conception de jeu requiert bien sûr l'application d'une nouvelle méthode de jeu.

Pour ma part, je continuai mes études et appliquai cette ouverture au tournoi des grands maîtres de Saint-Pétersbourg en 1914, et ce, contre Janowski. Plus tard, je jouai à nouveau cette ouverture contre Bernstein.

J'avais les Noirs et voici ce qui advint : **1. d4 Cf6 2. Cf3 e6 3. c4 b6 4. Cc3 Fb7 5. e3 Fb4 6. Db3 De7 7. a3 F×c3+ 8. D×c3 d6 9. b4 Cbd7** (les Noirs sont merveilleusement bien, la mobilité du centre blanc est faible, alors que la diagonale b7-e4 est de grande importance) **10. Fb2 a5** (suffisant, mais Ce4 suivi de f5 était quand même préférable) **11. Fe2 a×b 12. a×b T×T+ 13. F×T 0-0 14. 0-0 Ce4 15. Dc2 f5 16. Cd2 C×d2** (la poussée hypermoderne semblerait ici très indiquée) **17. D×d2 Ta8 18. Fc3 De8** (en jouant 18. ... Cf6 pour prévenir d4-d5, les Noirs étaient encore bien). Après le coup du texte, la suite fut : **19. d5 ! e5** (19. ... e×d ? 20. Ff3) **20. f4 Fc8** et la partie prit fin par une nullité, après une série de complications hautement dramatiques.

Dans le même tournoi, Alekhine reprit ma nouveauté – le gambit-dame idéal – et remporta la victoire, ce qui me fut naturellement très agréable, car cela prouvait le bien-fondé de mes principes révolutionnaires. Et cela était très important pour moi.

Partie n° 41

Partie type illustrant la thèse de la relative inocuité de la valse de pions

Blancs : SPIELMANN
Noirs : NIMZOWITSCH

Jouée à San Sebastian en 1911

1. e2-e4	**c7-c5**
2. Cg1-f3	**Cg8-f6**

Et Spielmann commença à réfléchir ; après quelques minutes, je risquai un regard, et levai les yeux des soixante-quatre cases pour voir mon vieux compagnon d'armes totalement désemparé : il regardait le Cavalier, tantôt avec confiance, tantôt avec une méfiance craintive et.

finalement, il joua le coup prudent Cc3, renonçant ainsi à la poursuite effrénée e5.

L'année suivante, je jouai ce coup 2. ... Cf6 contre Schlechter. Dans le compte rendu du tournoi, Tarrasch fait à ce propos le commentaire suivant : « mauvais, car le Cavalier peut être immédiatement chassé, mais Monsieur Nimzowitsch, dans ses ouvertures, sort des sentiers battus, ce que nous ne recommandons pas au public ».

L'ironie a plus d'une corde à son arc, par exemple empoisonner la vie de jeunes talents. Mais il est une chose dont elle est incapable : empêcher à la longue le triomphe de nouvelles idées ! Il en va de même ici. Qui se soucie encore aujourd'hui de la théorie « linéifiée » du centre, de l'adoration pour le « jeu ouvert » et de toutes les conceptions de pure formalité ? Aujourd'hui, les nouvelles idées « hors des sentiers battus » sont devenues des routes principales, sur lesquelles, petits et grands joueurs peuvent se déplacer en toute quiétude.

Ma partie avec Schlechter se déroula ainsi : (**1. e4 c5 2. Cf3 Cf6 !**) **3. e5 Cd5 4. d4.** Aux dires de Tarrasch, pourquoi pas **c2-c4 ?** Le Cavalier noir serait alors amené sur de mauvaises cases. Eh bien non ! Même dans le cas de **1. e4 Cf6** (Aljechin) la course poursuite **2. e5 Cd5 3. c4 Cb6 4. d4** a pour seul effet d'exposer le jeu blanc. La suite de la partie Schlechter-Nimzowitsch fut : **4. ... c×d 5. D×d4 e6 6. Fc4 Cc6 7. De4 d6 ! 8. e×d** (ou bien F×d5 e×d D×d5 d×e avec deux Fous et une solide majorité de pions) **8. ... Cf6 ! 9. Dh4 F×d6 10. Cc3 Ce5 !** et les Noirs obtinrent une certaine liberté de manœuvre au milieu de l'échiquier.

3. Cb1-c3	**d7-d5**
4. e4×d5	**Cf6×d5**
5. Ff1-c4	**e7-e6**
6. 0-0	**Ff8-e7**
7. d2-d4	**Cd5×c3**
8. b2×c3	**0-0**
9. Cf3-e5	**Dd8-c7**

Ce qui va suivre est un jeu contre les pions pendants.

10. Fc4-d3	**Cb8-c6**
11. Fc1-f4	**Fe7-d6**
12. Tf1-e1	**c5×d4 !**

Cet échange en liaison avec Cb4 est la pointe de la manœuvre commencée par 9. ... Dc7.

13. c3×d4	**Cc6-b4**
14. Ff4-g3	**Cb4×d3**
15. Dd1×d3	**b7-b6**
16. c2-c4	**Fc8-a6**

Les pions pendants, bien que soumis à un feu nourri, sont en dernière analyse bien vivants. Les jeux sont égaux.

17. Ta1-c1	**Ta8-c8**
18. Dd3-b3 !	**f7-f6**
19. Db3-a4 ?	**...**

19. c5 F×e5 20. d×e conduirait à la nulle.

19. ...	**f6×e5**
20. d4×e5	**Fd6-a3 !**
21. Da4×a3	**Fa6×c4**
22. Te1-e4	**Dc7-d7**
23. h2-h3	**Fc4-d5**

Cette position de Fous rend

l'avantage des Noirs éclatant. La suite en notation abrégée :

24. Te2 Db7 25. f4 Df7 26. Tec2 T×c2 27. T×c2 Dg6 28. Dc3 (les Blancs peuvent difficilement renoncer à la colonne c ; mais si **28. Tc3, 28. ... h5 ! 29. h4 T×f4**) **28. ... F×a2 ! 29. Fh4 Fd5 30. Fe7 Te8 31. Fd6 De4 32. Dc7 h6 33. Tf2 De1 + 34. Tf1 De3 + 35. Tf2 a5 36. Fe7 De1 + 37. Tf1 De3 + 38. Tf2 Rh8** (en prévision de Ff6) **39. Fd8 De1 + 40. Tf1 De3 + 41. Tf2 De1 + 42. Tf1 Dg3 43. Tf2 Tf8 44. D×b6 T×f4 45. Fe7 a4** (un pion passé et une attaque de mat, comment se tirer de ce mauvais pas ?) **46. Rf1 ?** (impossible !) **46. ... D×g2 + 47. Abandon.**

Partie n° 42

(l'ouverture seulement)

Partie type à propos de la collaboration du « sacrifice et des tendances au blocage »

Blancs : NIMZOWITSCH
Noirs : SPIELMANN

San Sebastian 1912

1. e2-e4	**e7-e6**
2. d2-d4	**d7-d5**
3. e4-e5	**c7-c5**
4. Cg1-f3	**Cb8-c6**
5. d4×c5	**Ff8×c5**
6. Ff1-d3	**Cg8-e7**
7. Fc1-f4 !	**...**

La surprotection du pion e5 dont la valeur stratégique est énorme.

7. ...	**Dd8-b6**
8. 0-0	**Db6×b2**

Ce n'était pas un simple « sacrifice de pion pour l'attaque ». La raison en est uniquement la volonté des Blancs d'affirmer leur maîtrise sur e5 pour prendre ensuite ce point comme base d'une action de blocage. On retrouve le même schéma dans le jeu du moulin où on sacrifie un pion pour pouvoir ensuite décimer la majorité ennemie. Transposer cette façon de faire aux échecs était une action vraiment révolutionnaire !

9. Cb1-d2	**Db2-b6**
10. Cd2-b3	**Ce7-g6**
11. Ff4-g3	**Fc5-e7**
12. h2-h4	**...**

Ceci n'est pas non plus « un coup d'attaque » au sens courant. L'idée est « va-t'en de la case clé e5 ».

La suite fut : **12. ... Db4 13. a4 a6 14. h5 Ch4 15. C×h4 F×h4 16. c3 De7 17. Fh2 f5** (ce coup qui permet tout à l'adversaire était obligé, sinon le jeu noir s'asphixiait). Alors seulement apparaît le jeu d'attaque : **18. e×f g×f 19. Cd4 e5 20. Ff5** et une forte attaque. Les Blancs gagnèrent au quarante quatrième coup.

La partie contre Léonhardt, dans le même tournoi, se déroula dans des conditions identiques.

Blancs : Nimzowitsch *Noirs :* Leonhardt :

1. e4 e6 2. d4 d5 3. e5 c5 4. Cf3 (plus tard, je devais découvrir un coup encore plus révolutionnaire 4. Dg4) **Db6 5. Fd3 c×d 6. 0-0 Cc6 7. a3 Ce7 8. b4 Cg6 9. Te1 Fe7 10. Fb2 a5** (reperdant même le pion, après 10. ... a6 !, on aurait obtenu la situation suivante : un pion de plus contre une politique de resserrement).

Cette situation apparaît encore une fois très nettement dans une de mes parties jouées en 1923 (diagramme 197). La suite fut : **19. ... b6-b5 !** Sacrifiant un pion pour pouvoir échanger le Fou d3 ; ainsi le blocage qu'entreprendra un Cavalier en f5 deviendra sérieux.

La suite fut : **20. F×b5 Tab8 21. Fe2 Cb6** (Cg7 immédiatement était plus précis et si h5, Cb6 suivi d'un échange forcé en c4 [après Cc4 F× c4] et enfin occupation de f5 après un gain positionnel pour les Noirs) **22. Rd1** (on pouvait encore se sauver par 22. Fh5 Cc4 23. Dc2 Ca3 24. Dd2) **22. ... Cc4 23. F×c4 T×c4 24. Tg5 Cg7 25. h5 Cf5 26. h×g f×g** et les Noirs gagnèrent sans difficulté.

Diagramme 197

Bruckmann-Nimzowitsch

5. Consolidation et développement de la révolution échiquéenne dans les années 1914 à 1926.

Le thème proposé ici pourrait être le sujet d'un livre entier. Le manque de place nous oblige cependant à « nous contrôler sagement ». Nous ne parlerons que des événements les plus importants, mais nous nous réservons le droit d'écrire un jour tout un volume.

La plus brillante des actions « post-révolutionnaires » est celle d'Alekhine : **1. e4 Cf6.** Bien sûr, l'idée qui est à la base de cette nouveauté, n'est pas toute neuve, car elle repose sur le caractère inoffensif de la *valse de pions* que j'avais mis en lumière à propos de la variante en c5 Cf3 Cf6. Mais le coup d'Alekhine n'en est pas moins surprenant et je ne lui contesterai pas le qualificatif de « brillant ».

L'essai de Réti, de mettre en valeur le stratagème (découvert par moi) du centre élastique, est aussi très intéressant. Sans doute, après **1. Cf3 d5 2. c4,** la réponse **2. ... d×c** n'est pas mauvaise. Par exemple, **3. Ca3 c5** (ce coup est de moi) **4. C×c4 Cc6** avec une construction souhaitable : **f7-f6** et **e7-e5.**

L'intéressante défense mise au point par Grünfeld est aussi digne d'intérêt : **1. d4 Cf6 2. c4 g6 3. Cc3 d5! 4. c×d C×d5 5. e4 C×C! 6. b×c Fg7** puis on pulvérise le centre avec **c7-c5.**

Le coup de Sämisch **7. ... Ce4** (1. d4 Cf6 2. Cf3 e6 3. c4 b6 4. g3 Fb7 5. Fg2 Fe7 6. 0-0 0-0 7. Cc3 Ce4!) est astucieux et original, même s'il n'est pas déterminant. Cette invasion rapide du Cavalier est aussi anti-pseudo-classique que possible ; elle a cependant trouvé beaucoup d'adhérents (dans différentes positions) et s'est révélée très fructueuse.

D'un point de vue idéologique, les années 1914 à 1926 n'ont pourtant rien apporté de neuf, si nous mettons entre parenthèses les idées de ce livre, comme la prophylaxie et la surprotection. L'intéressante tentative de Tartakower, de mettre au point une nouvelle idée échiquéenne révolutionnaire, fut, croyons-nous, un échec. Nous voulons en parler, même si ce n'est que brièvement, puisque c'est très important (diagramme 198). Tartakower veut prendre le cours de ce jeu comme preuve que « l'hypermoderne » peut, s'il le désire, considérer toute force adverse comme une faiblesse

Diagramme 198

Jacobsen-Nimzowitsch
(Copenhague 1923)

(et non pas seulement les faiblesses typiques comme les pions arriérés, etc.) Donc, « si tu le veux, tu trouveras ton chemin, c'est-à-dire des faiblesses adverses ». Voici quelle fut la suite : **34. ... Ff5 35. Tc1 h5 36. Tc3 a4! 37. Cd1 g5 38. Ce3 Fd7 39. Re2 f5 40. Rd2 f4** et à ce moment-là les Noirs pulvérisèrent l'aile-roi adverse qui, quelques coups auparavant, paraissait encore forte et capable de résister : **41. g×f g×f 42. Cd1 Rf7 43. Cf2 Tg8** etc. Il est cependant évident pour quiconque a lu ce livre, que le Roi blanc souffrait d'entrée de jeu d'une faiblesse réflexe (c'est-à-dire que les troupes de défense blanches étaient attachées aux pions c4 et a2 et, ainsi, l'aile-roi n'était qu'insuffisamment protégée). Nous autres modernes, devons obéir aux lois de la logique, tout comme les non-modernes. Nous ne faisons qu'essayer de redonner vie aux dogmes morts. Et, c'est encore la logique qui réclame qu'une position adverse soit attaquée par son côté faible. La formule, selon laquelle on devrait attaquer les forces adverses, est une erreur moderne, rien de plus. Tout ce que l'amateur d'échecs averti doit tenter de faire, c'est d'élargir la conception de « faiblesse » ; un pion organiquement en bonne santé peut malgré tout être faible, par exemple si la situation sur le terrain est défavorable, ou dans le cas d'une faiblesse réflexe, comme au diagramme 198.

Dans la partie Nimzowitsch-Spielmann, 1904, après **1. e4 e5 2. Cf3 Cc6 3. d4 e×d 4. C×d4 Fc5 5. Fe3 Df6 6. Cb5 F×e3 7. f×e Dh4 + 8. g3 Dd8 9. Cb×c3 a6 10. Cd4 Ce5 11. Fg2 d6 12. 0-0 Fg4 13. Cf3 h5?** (F×f3!) le Ce5 n'est plus qu'un épouvantail, ou, si on préfère, une pièce qui serait forte, mais à laquelle l'ensemble de la position affaiblie par h5 donne un caractère de faiblesse. Les Blancs balaient l'épouvantail : **14. C×e5! F×d1** (d×e était meilleur) **15. C×f7 De7 16. C×h8 Fg4 17. Tf7** et l'attaque blanche doit l'emporter.

On remarquera encore qu'il est particulièrement payant d'attaquer une faiblesse qui serait le nerf stratégique de toute la position ennemie (par exemple la chaîne de pions).

Ainsi, sommes-nous parvenus à la fin de nos explications. Donnons encore, avant de prendre congé du lecteur, une partie.

Partie n° 43

Dans cette partie, sept pions blancs témoignent d'une plus grande mobilité générale que huit pions noirs. Voilà comment le pur esprit (= activité dynamique) triomphe de la matière ! On trouve l'essence même de la révolution échiquéenne dans un approfondissement des dogmes morts. Cet approfondissement apparaît nettement ici. C'est pourquoi nous montrons au lecteur cette dernière partie.

Blancs : NIMZOWITSCH
Noirs : Anton OLSON

1924

1. f2-f4	**c7-c5**
2. e2-e4	**Cb8-c6**
3. d2-d3	**g7-g6**
4. c2-c4!	**Ff8-g7**
5. Cb1-c3	**b7-b6**
6. Cg1-f3	**Fc8-b7**
7. g2-g4	**...**

La mobilité générale des pions blancs de l'aile-roi se rappelle doucement à notre souvenir.

7. ...	**e7-e6**
8. Ff1-g2	**Cg8-e7**
9. Cc3-b5!	**...**

Pour provoquer a6 ; on exploitera ensuite par une sévère combinaison la faiblesse de b6.

9. ...	**d7-d6**
10. 0-0	**a7-a6**

11. Cb5-a3 0-0
12. Dd1-e2 Dd8-d7
13. Fc1-e3 Cc6-b4

Sinon Tad1 suivi de d4 et les Blancs sont mieux.

14. Ca3-c2! Fg7 × b2
15. Ta1-b1 Fb2-c3
16. Cc2 × b4 Fc3 × b4

Ou bien c × b F × b6 (cf. la note à propos du neuvième coup blanc).

17. Fe3-c1! ...

Les Blancs ont su s'emparer de la grande diagonale.

17. ... f7-f6
18. Fc1-b2 e6-e5
19. g4-g5 ...

La coopération sacrifice-blocage serait encore mieux apparue par 19. f5, par exemple 19. f5 g5 20. h4 avec une attaque de longue durée, alors que le pion de plus est tout à fait inexistant.

19. ... Ce7-c6

Ou bien 19. ... f × g 20. C × g5 (menaçant Fh3) Cc6 21. f5.

20. g5 × f6 Dd7-g4
21. f4 × e5 d6 × e5
22. De2-e3 Dg4-h5

Pour protéger e5.

23. Cf3-g5 Fb7-c8
24. f6-f7 + Rg8-g7
25. De3-f4 Rg7-h6

Forcé.

26. Cg5-e6 + ! e5 × f4
27. Fb2-g7 ≠

Table des matières

Avant-propos du traducteur.................. 7
Préface.................................... 11
1. Le jeu positionnel 13
Parties illustrant le 1er chapitre nos 25, 26, 27, 28, 29........................... 37
2. Le pion doublé et le handicap.............. 45
Parties nos 30, 31, 32 67
3. Le pion-dame isolé et sa descendance....... 74
Parties nos 33, 34.......................... 91
4. Comment on protège systématiquement ses points forts et comment on cherche à se débarrasser des pions et points faibles........... 94
Parties nos 35, 36.......................... 97
5. Le louvoiement contre une faiblesse ennemie – l'attaque simultanée peut être combinée aux deux ailes – existe-t-il entre ces deux stratagèmes une certaine parenté?................ 104
Parties nos 37, 38, 39 111
Postface................................... 118
Parties nos 40, 41, 42, 43.................. 130

LES ÉCHECS AUX ÉDITIONS PAYOT

En grand format :

Jacques BAUDRIER et Christophe BOUTON, *L'ABC de la stratégie* (184 p., 111 diagr.)

Ou comment apprendre la stratégie échiquéenne, se perfectionner sans trop souffrir et dans la bonne humeur, à travers un match entre deux joueurs fictifs, Attakanski et Defendarov...

Frank BRADY, *Bobby Fischer* (386 p.)

Frank Brady a rencontré le « kid de Brooklyn » à l'âge de onze ans et, depuis, il a suivi toute la carrière du champion le plus controversé des soixante-quatre cases. La première grande biographie de l'enfant terrible des échecs.

David BRONSTEIN, *L'art du combat aux échecs* (473 p., 352 diagr.)

Considéré dans le monde entier comme l'un des plus grands classiques de la littérature échiquéenne, ce livre dévoile les secrets du milieu de partie. Bronstein analyse toutes les parties de l'un des tournois les plus fascinants de l'histoire du jeu ; l'interzonal de Zürich 1953. Peu de variantes sont données. Mais le style est si limpide que l'on revit vraiment une à une ces pièces d'anthologie.

José-Raul CAPABLANCA, *Principes fondamentaux du jeu d'échecs* (177 p., 150 diagr.)

Le champion du monde cubain avait le sens de l'économie aux échecs, car là où les pédagogues ont développé, Capablanca a dit ce qu'il estimait essentiel. Un manuel fondamental pour les joueurs de tous niveaux.

Max EUWE, *Les échecs*, t. I : *Position et combinaison* (214 p., 132 diagr.) ; t. II : *Jugement et plan* (317 p., 168 diagr.)

Deux grands classiques de la littérature échiquéenne dans lesquels l'ex-champion du monde détaille de manière analytique comment apprendre et comprendre le jeu dans toutes ses phases.

Max EUWE, *L'indispensable aux échecs* (286 p., 260 diagr.)

Aux échecs, le débutant est très vite confronté à ce qui lui paraît insurmontable. Comment progresser alors ? En proposant son « chemin d'apprentissage », le Néerlandais Max Euwe, ancien champion du monde, trace une voie pour tous, des enfants aux parents, en passant par les enseignants.

Hans KMOCH, *L'art de jouer les pions* (287 p., 346 diagr.)

« Les pions sont l'âme du jeu d'échecs », écrivait le grand maître Philidor. Près de deux siècles se sont écoulés depuis et la théorie se penche toujours sur les problèmes posés par les pions, qui sont le thème essentiel des manuels sur le milieu du jeu. Si Kmoch n'est pas un philosophe échiquéen comme A. Nimzowitsch, il est pourtant l'un des plus grands pédagogues de cette discipline, et, à cet égard, sans aucun doute le plus digne successeur du Dr Tarrasch.

Bent LARSEN, *Les coups de maître aux échecs* (169 p., 219 diagr.)

Le grand maître, qui fut candidat au titre mondial, fait partie de ces rares joueurs de haut niveau vraiment pédagogues. En rassemblant des parties et des positions exemplaires à plus d'un titre, il communique au lecteur l'amour de l'étude, avec humour et talent.

Alexandre NIKITINE, *Kasparov* (351 p., 95 diagr.)

Alexandre Nikitine a été pendant des années l'entraîneur de Kasparov. Cette biographie, unique et spécialement enrichie pour la version française, nous dévoile la formation d'un formidable champion, du petit « Garik » au grand Garri dominateur. Les dessous politiques et techniques des championnats du monde contre Karpov sont révélés pour la première fois. En complément, l'auteur analyse les cinquante parties marquantes de la carrière du plus jeune champion du monde de tous les temps.

Lev POLOUGAÏEVSKY, *Le labyrinthe sicilien*, t. I (247 p., 211 diagr.) et II (209 p., 217 diagr.)

Adepte inconditionnel de la défense Sicilienne, Lev Polougaïevsky fait partager au lecteur son amour de cette défense. C'est la première fois que la défense Sicilienne est traitée en français de manière exhaustive dans un ouvrage à la fois technique et pédagogique. Un modèle du genre.

Robert J. WADE et Kevin O'CONNELL, *Les parties d'échecs de Bobby Fischer* (507 p., 434 diagr.)

Une collecte chronologique de toutes les parties de Bobby Fischer, qui nous livrent l'art du champion à l'état brut. Édition revue et augmentée, avec notamment le match revanche Fischer-Spassky de 1992.

En poche :

Michel BENOIT, *Les échecs en trois jours* (279 p., 316 diagr.)

Dans ce manuel pour tous les débutants, le parti pris du champion de France Michel Benoit a été de commencer par enseigner les mats fondamentaux et les fins de partie. Cette approche rare, mais systématiquement recommandée par les forts joueurs, rend possible une compréhension rapide des bases de la stratégie.

Max EUWE et Walter MEIDEN, *Maître contre amateur* (287 p., 124 diagr.)

Quand l'amateur affronte le maître... et perd, naturellement. Toutes les fautes possibles du plus faible, stratégiques et tactiques, sont expliquées en vingt-cinq parties avec un grand art de la pédagogie.

Max EUWE et Walter MEIDEN, *L'amateur devient maître* (350 p., 177 diagr.)

Après le succès de *Maître contre amateur*, Euwe et Meiden invitent toute personne étudiant le jeu d'échecs dans un voyage périlleux : acquérir cette fameuse maîtrise de la pensée et du calcul. Leur style concis ravira tous les « candidats-maîtres ».

Alexandre KOULENTZ et Mikhaïl TAL, *L'école des échecs*, t. I (189 p., 341 diagr.)

L'ancien champion Mikhaïl Tal était connu pour ses combinaisons brillantes. Avec son entraîneur de toujours, il donne tous les schémas d'attaque sur le roi qu'un joueur se doit de connaître. Un livre simple et accessible.

Alexandre KOBOV, *L'école des échecs*, t. I (220 p., 251 diagr.)

A l'aide des parties choisies avec soin, Kotov systématise toutes les méthodes d'attaque sur le roi ; il répertorie les différents types de sacrifices pour exposer le roi ennemi.

Bent LARSEN, *Mes 50 meilleures parties* (325 p., 79 diagr.)

Larsen analyse les parties qui l'ont hissé au plus haut niveau mondial de 1948 à 1969, tout en relatant ses péripéties de jeune maître occidental dans un monde échiquéen alors dominé par les Soviétiques.

Emanuel LASKER, *Le bon sens aux échecs* (158 p., 35 diagr.)

En douze conférences données en 1895, le jeune champion du monde Emanuel Lasker (1868-1941) exposa les notions de base du jeu d'échecs. Son succès fut tel qu'on lui demanda d'en faire un livre.

Aaron NIMZOWITSCH, *Mon système*, t. I (189 p., 31 diagr.) et II (139 p., 75 diagr.)

Nimzowitsch (1886-1935) est le premier à avoir su scinder la stratégie du jeu en plusieurs thèmes. Son livre, qui ne donne pas de recettes mais réapprend l'art de la réflexion, fut en 1925 le manifeste de l'école « hypermoderne ».

Aaron NIMZOWITSCH, *Pratique de mon système* (282 p. 130 diagr.)

Cette traduction inédite, la première à respecter scrupuleusement l'édition allemande, est une formidable synthèse de tous les principes de Nimzowitsch, illustrée par ses parties avec les plus grands de ses contemporains.

Ludek PACHMAN, *Les ouvertures* (158 p., 35 diagr.)

Bien connaître les ouvertures est une étape importante si l'on veut ne pas perdre dès les premiers coups. Ludek Pachman, inlassable pédagogue du jeu d'échecs, a donc répertorié toutes les ouvertures à l'aide de nombreuses variantes. Un petit missel indispensable si l'on ne veut pas perdre... dans l'ouverture.

Michael STEAN, *Les échecs simples* (110 p., 83 diagr.)

Pour accompagner le boom des échecs anglais à la fin des années soixante-dix, le grand maître a voulu expliquer la stratégie en termes simples et pragmatiques. Pari tenu, dans une sorte de bible permanente et pratique du jeu d'échecs.

Siegbert TARRASCH, *Traité pratique du jeu d'échecs*, (463 p., 339 diagr.)

Douzième édition de ce grand classique, qui connaît un succès constant depuis 1931. Dans ce modèle de précision sont répertoriés tableaux de mat, finales et finesses de milieu de jeu. Exception faite de la théorie des ouvertures, ce livre n'a pas pris une ride.

Xavier TARTACOVER, *Tartacover vous parle* (335 p., 140 diagr.)

Le premier grand livre d'échecs de l'après-guerre resté pourtant inédit depuis 1953. L'acteur du très célèbre *Bréviaire des échecs* raconte ici ses tournois et commente ses parties, de 1905 à 1931, le tout dans un français pétillant.

*Cet ouvrage a été reproduit
par procédé photomécanique par la
SOCIÉTÉ NOUVELLE FIRMIN-DIDOT
Mesnil-sur-l'Estrée
pour le compte des Éditions Payot
en avril 1996*

Imprimé en France
Dépôt légal : septembre 1993
N° d'impression : 34347
ISBN : 2-228-88697-1